Petite philosop[illegible]

ISBN : 2-7459-1558-4

Thierry Tahon

Petite philosophie du rugby

MILAN

Introduction

Sans être totalement absurde, le projet d'écrire une petite philosophie du rugby est, pour le moins, paradoxal. Le monde de la philosophie et celui du rugby semblent, en effet, bien éloignés l'un de l'autre, et condamnés à ne jamais se rencontrer. Cette situation s'explique aisément : le jugement que chaque camp porte sur l'autre est toujours parasité par des préjugés grossiers qui ont tendance à figer les positions de chacun. Ainsi, le philosophe qui passe son temps à déclarer qu'il pense par lui-même et qu'il est en guerre permanente contre les clichés oublie toutes ses belles résolutions lorsqu'il aborde le domaine du rugby. Il s'enlise alors dans des conclusions aussi immédiates que définitives, faute de n'avoir pas su dépasser ses premières impressions. Le rugby, pour lui, n'est qu'un sport pour brutes épaisses, un sport injuste qui plus est, car livré à la loi du plus fort. On y voit des comportements d'une bêtise inouïe, l'esprit ayant été vaincu et évincé par les muscles. Tous les mauvais coups semblent permis, tant qu'ils échappent à la vigilance de l'arbitre, et les protagonistes de ce sport se rendent insupportables en nous jouant une bien mauvaise comédie de la virilité. La place du philosophe n'est donc pas sur la pelouse, qui n'est en fait qu'un épouvantable coupe-gorge. Elle n'est pas davantage dans les tribunes, car il devra côtoyer des hordes de supporters à l'évidente mauvaise foi. On peut douter enfin qu'elle soit devant sa télévision, car il ne verra sans doute rien de beau, rien de grand, rien d'intéressant. Philosophie et rugby nous offriraient donc un dualisme radical : celui de l'esprit et du corps. Il y aurait d'un côté ceux qui ont fait le choix de prendre soin de leur esprit et de l'autre ceux qui s'occupent de leur corps : de chaque côté, même exclusivité. Comment, dans ces conditions, ces deux mondes pourraient-ils se rencontrer ? Mieux vaut peut-être décréter tout de suite qu'Ovalie est une terre non philosophique, qu'il n'y a aucun approfondissement philosophique possible de ce sport qui, par conséquent, se situe hors du domaine de compétence du penseur, dans un territoire sauvage, hostile et lointain dont il n'a pas à entreprendre l'exploration. Le philosophe aux épaules étroites et aux mollets de coq n'a rien à dire aux armoires à glace du rugby qui, d'ailleurs, l'ignorent superbement.

On pourrait en rester là, et revenir à des questions plus traditionnelles, plus authentiquement philosophiques ; mais, outre le fait qu'il s'agirait d'une pitoyable capitulation devant les clichés les plus banals, il y aurait surtout une occasion perdue, un rendez-vous manqué avec un sport qui ne saurait se limiter à la seule dimension physique. De même que la philosophie a depuis bien longtemps rompu avec la tradition platonicienne qui condamnait le corps à n'être que le tombeau de l'âme (« notre corps, *sôma*, est notre sépulcre, *sêma* », *Gorgias*, 440 a), le rugby a su, lui aussi, évoluer. Certes ce sport reste indissociable de ce que les spécialistes eux-mêmes appellent « le combat » et sans quoi on ne peut rien faire d'autre, sur un terrain, qu'une piètre figuration. Mais il faut reconnaître que le rugby moderne abonde en stratèges maniaques de l'ordinateur, en théoriciens méticuleux, et que ce sport ressemble parfois à une partie d'échecs. Une équipe doit avant tout mettre en pratique les thèses de son entraîneur, appliquer sur le terrain une réflexion préalable, si bien qu'un match est pensé avant d'être joué. Peut-être le jeu y perd-il en spontanéité, en intuition, mais il gagne en rationalité. De plus, si le philosophe consentait à descendre de temps en temps de son piédestal, il réaliserait que les rugbymen, tout en restant de magnifiques guerriers, sont aussi, le plus souvent, des êtres parfaitement fréquentables, des jeunes gens sensés que le rugby a éduqués, et non des brutes stupides qu'il faudrait redouter. Enfin, s'il y a de la rationalité dans ce sport, on y trouve aussi de la beauté : malgré l'âpreté et la rudesse des affrontements, les rugbymen conservent cette capacité de s'extasier devant la beauté d'un geste, le coup de génie d'un funambule qui, bousculant les schémas trop rigides, ose une relance de ses 22 avec, à la clé, des joyaux d'essais, comme celui marqué par le XV de France en Nouvelle-Zélande et qu'on appelle pour cette raison « l'essai du bout du monde ». Cet essai, et tant d'autres marqués par les tricolores, est caractéristique de ce « *french flair* » que les autres nations du rugby nous envient : on y trouve un soudain coup de folie, d'un seul ou de quelques-uns, une intuition géniale servie par des gestes techniques parfaits, exécutés par une équipe en état de grâce. Quand le rugby est capable de proposer un spectacle dans lequel la beauté de certaines actions rivalise avec la rationalité d'autres phases de jeu, il devient l'un des sports les plus séduisants qui soient. Une philosophie enfin débarrassée de ses idéaux ascétiques peut à présent se tourner vers lui : l'abîme qui les séparait, il y a peu, n'existe plus.

Une question, cependant, continue à préoccuper le philosophe et l'empêche de se convertir tout de suite au rugby : la violence de ce sport. La philosophie est, en effet, le contraire de la violence, et si le rugby est un sport violent, le philosophe se détournera de lui. Qu'en est-il exactement ? On n'effacera pas, à moins de réviser l'histoire du rugby, sa dimension éventuellement violente. Les exemples sont, il est vrai, innombrables ; dans un livre récent (*Au bout de mes rêves*), Bernard Laporte raconte dans le détail un fameux huitième de finale aller-retour du championnat de France 1991 opposant l'équipe de Bègles-Bordeaux, dans laquelle il jouait au poste de demi de mêlée, à celle de Toulon. Celui qui deviendra plus tard sélectionneur de l'équipe de France nous livre un extraordinaire témoignage sur ce que signifiait alors affronter Toulon dans son antre de Mayol. Son récit présente notamment le contexte de l'avant-match, avec son cortège d'intimidations, de menaces, de provocations. Le match lui-même fut celui de la peur pour les visiteurs girondins : disputé dans une ambiance détestable, devant un public déchaîné et face à une équipe déterminée à tout faire pour l'emporter, les Béglais connurent alors un véritable enfer. Dans le même registre, impossible d'oublier les gueules tuméfiées de quelques rugbymen brivistes qui avaient eu le malheur de se retrouver, le soir, dans le même bar que leurs adversaires du jour, les Gallois de Pontypridd : le déferlement de violence qui s'ensuivit a marqué les esprits comme les corps.

De tels exemples sont légion et font indiscutablement partie de l'imaginaire accroché à ce sport ; mais qu'en conclure ? Le philosophe sait que les exemples sont toujours singuliers et qu'il faut résister à la tentation d'une conclusion définitive. Qui sait, d'ailleurs, si le rugby n'est pas, tout au contraire, une façon d'éduquer l'individu, de canaliser sa violence au lieu de la laisser exploser ? Il y a donc de la rationalité et de la beauté dans ce sport qui aide peut-être les hommes à surmonter leur violence. Sa conscience soulagée, le philosophe peut à présent se mettre au travail. La question est simple : qu'y a-t-il d'intéressant, de fascinant, dans le rugby ? Pourquoi pratique-t-on un tel sport, et pourquoi aime-t-on le regarder ? J'ai choisi d'insister tout particulièrement sur les cinq thèmes suivants qui me paraissent susceptibles d'apporter un début de réponse à ces questions : le corps des rugbymen, la dimension pédagogique de ce sport, sa fascination pour l'ordre et sa lutte contre le désordre, le statut du sujet et sa fusion dans le tout de l'équipe, et enfin le paradoxe d'un sport qui veut être pratiqué partout et qui ne l'est presque nulle part. Je dois préciser, pour terminer, que cette petite philosophie du rugby, qui, forcément, sera conceptuelle, trouve aisément sa place à côté d'autres approches, le rugby ne manquant pas d'écrivains inspirés, d'amoureux des mots, qui ont su parler avec passion de ce sport en privilégiant, notamment, l'émotion et les sensations. C'est une des particularités du rugby : avoir donné naissance à une littérature de qualité. Ils ont réussi à raconter avec style l'odeur du camphre dont les joueurs s'enduisent les muscles, le bruit des crampons dans les couloirs des vestiaires et même la tension palpable de l'avant-match qui mouille les regards et noue les estomacs des colosses. Bien que ces choses-là se vivent, ceux qui les ont décrites l'ont remarquablement fait. C'est dans cette tradition que j'aimerais m'inscrire, tout en proposant aux lecteurs l'essai d'un approfondissement philosophique du sport qui les passionne.

Des corps démesurés

« Il fut un temps où l'âme regardait le corps avec mépris :
et ce mépris était alors ce qu'il y avait de plus haut :
elle le voulait maigre, hideux, affamé. Elle pensait ainsi
lui échapper, à lui et à la terre. »

Nietzsche, *Ainsi parlait Zarathoustra.*

Un étonnement légitime

« Regardez-y de près et vous verrez que le mot liberté
est un mot vide de sens ; qu'il n'y a point,
et qu'il ne peut y avoir d'êtres libres. »

Diderot, *Lettre à Paul Landois.*

Dans des textes célèbres, Platon et Aristote avancent l'idée que la philosophie commence par l'étonnement. Or le premier sujet d'étonnement d'une petite philosophie du rugby est un fait qui saute aux yeux : le corps des rugbymen est vraiment spécifique. On bascule en effet dans la démesure : la vie quotidienne nous habitue à d'autres corps qui, bien que tous différents, n'ont le plus souvent rien de particulier, si bien qu'ils sont à peine remarqués. Mais le corps d'un rugbyman se remarque ; il attire les regards, nous impressionne, au point de faire parfois le vide autour de lui. Il y a de l'étonnement dans ce regard : comment eux et nous, pourtant semblables, pouvons-nous être à ce point différents ? Cette différence est souvent naturelle : des dispositions physiques hors du commun vont nous conduire vers ce sport ; elle est aussi acquise, car il est évident que ce sport façonne les corps qui vont se consacrer à lui. Le rugby transforme donc des corps qui, au départ, et pour la plupart, présentaient déjà certaines qualités, certaines potentialités. Ce que l'on fait va donc retentir sur nous, c'est-à-dire va marquer profondément notre corps : celui-ci est changé par l'activité à laquelle on se consacre. Les deux idées ne doivent pas être dissociées : certes, on va vers le rugby parce que, bien souvent, nous disposons d'un corps qui se prête à ce sport. C'est un peu comme si la vie avait choisi pour nous, comme si elle nous destinait à la pratique du rugby. Il y aurait donc un certain déterminisme physiologique qui s'ajoute à notre origine géographique : vivre au sud de la Loire (voir l'étrange géographie du rugby dans le livre de Jean Lacouture, *Voyous et gentlemen*, pp. 62-63) et disposer d'un corps hors normes inclinent sans nécessité vers le monde du rugby. Sans nécessité, car nous parlons ici d'une sorte de déterminisme, et non de fatalisme. Le déterminisme affirme que si certaines conditions sont réunies, alors tel événement suivra, mais sans pour autant être nécessaire ; il suffit en effet de changer les conditions initiales pour modifier le résultat. Le fatalisme, en revanche, va plus loin et fait de l'événement une nécessité inconditionnelle : on ne peut intervenir sur le cours des choses, tout est déjà écrit, tout est déjà joué. On peut néanmoins penser que dans certaines régions, dans certains villages, dans certaines familles, le rugby s'inscrit dans la logique des choses et constitue presque une fatalité : on n'échappera pas à ce sport si l'on a un corps qui se prête à ce jeu et si l'on baigne dans ce milieu. Plus généralement, enfin, il est douteux que le choix du sport que l'on pratique soit le résultat d'un acte libre. Le plus souvent, un simple retour lucide sur cette décision fera apparaître un enchaînement de causes et d'effets qui, sur le moment, avait échappé à notre conscience. Si l'on s'adonne à tel sport, ou à tel autre, c'est bien parce que certains facteurs nous y ont poussé, et non parce que nous l'avons choisi librement. Dans le cas du rugby, il y a donc, parmi tant d'autres causes, un corps initial fait pour ce sport. Mais de telles dispositions naturelles vont être travaillées, sculptées même par la pratique de ce sport qui va ainsi fabriquer des corps surdimensionnés. Notre corps nous mène vers le rugby, et le rugby, tel

Pygmalion, va sculpter le corps de ses adeptes. Ce qui frappe, comme je l'ai dit, est alors la démesure : les corps y sont plus forts, plus solides, plus robustes, plus puissants qu'ailleurs. Je n'ai jamais été impressionné par le corps d'un footballeur, d'un tennisman ou d'un cycliste. Bien sûr, j'ai pu constater que là aussi le sport avait façonné l'athlète en développant telle ou telle particularité ; mais le rugby nous fait pénétrer dans une autre dimension. Généralement, c'est le corps dans son entier qui a été développé, et non une de ses parties, alors qu'un cycliste (par exemple) torse nu est presque toujours un gringalet. Bien évidemment, il y a des exceptions : je pense tout de suite à l'exceptionnel tour de cuisse de Jean-Michel Gonzalez, le talonneur du Biarritz Olympique. En outre, ce corps devra savoir tout faire, et ne pas se spécialiser uniquement dans un type d'effort : il est loin, désormais, le temps où les avants se contentaient de pousser en mêlées ; aujourd'hui, on voit régulièrement des joueurs des premières lignes s'intercaler dans la ligne des trois-quarts et y réaliser des prouesses techniques.

Misère de notre propre corps

« Ce qui m'étonne le plus est de voir que tout le monde n'est pas étonné de sa faiblesse. »

Pascal, *Pensées*, 374.

À côté de tels corps, on se sent alors un peu ridicule, un peu humilié. Leur corps nous fait prendre conscience du nôtre, avec ses défauts, sa médiocrité, son insignifiance. On est bien peu de chose… Quiconque s'est retrouvé près de rugbymen, notamment dans des bars, lors des fameuses troisièmes mi-temps, a pu ressentir, peut-être, une indicible mélancolie teintée (qui sait ?) d'un peu de jalousie : nous sommes physiquement inférieurs à eux. Leur corps nous étonne, nous impressionne, et sa contemplation nous renvoie vers le nôtre. Tout se passe alors comme si plus rien d'autre ne comptait : toutes les autres dimensions de la personne sont reléguées au second plan par ces corps qui écrasent tout sur leur passage. On devine dans le regard des profanes, voire dans celui des amateurs qui pratiquent ce sport mais à un tout autre niveau, une frustration, une jalousie. On se juge à l'aune de ces corps démesurés, ce qui nous rend sensible, évidente, notre disproportion (dirait Pascal), notre finitude. L'envie folle nous prend alors de bomber le torse et de paraître plus viril qu'on ne l'est, mais c'est en pure perte, car on ne peut se forcer indéfiniment. Le philosophe qui s'est égaré dans ce genre de soirées se souvient ici de ce que dit Pascal sur le « roseau pensant » : « Toute notre dignité consiste donc en la pensée » (*Pensées*, 347). De même qu'il ne faut pas se comparer à l'univers en termes d'espace et de temps, l'univers étant infiniment plus vaste et plus durable que nous, nous ne devons pas rivaliser physiquement avec les rugbymen, mais nous accrocher à la pensée, à la conscience, nous dire que nous avons d'autres qualités. Ce n'est pas évident, car ces qualités sont cachées, tandis que le corps du rugbyman saute aux yeux de tous, en impose à tous les autres. On peut à la rigueur se consoler avec les analyses de Rousseau sur le droit du plus fort : la force ne saurait être un droit, et l'obéissance à la force n'est jamais un devoir, « c'est tout au plus un acte de prudence » (*Du contrat social*, I, 3). Mais peut-être est-il préférable, pour le philosophe, de rester dans l'ombre de ces corps imposants, et d'attendre d'autres occasions de briller si, décidément, on n'a que cette ambition dans la vie. Telle est la première impression laissée par le monde du rugby : des corps qui, malgré leur indéniable diversité, se ressemblent par la puissance fascinante qu'ils abritent et qui, en retour, nous font prendre conscience du nôtre.

Des corps, donc, mais aussi quelque chose qui émane d'eux : j'ai parlé de puissance, de force, de robustesse ; mais il y a aussi une santé, une vitalité exubérantes qui, par contraste, peuvent nous révéler notre propre langueur, notre propre finitude. C'est vers les carences, les lacunes de notre corps que nous renvoie la contemplation de tels corps ; cette expérience peut être douloureuse, car le corps est un fait si immédiat, si évident, qu'il finit par être le seul critère retenu par cette comparaison. Le plus grand philosophe du monde n'est peut-être plus qu'un pauvre corps bien frêle quand les hasards de l'existence le conduisent vers le monde du rugby. Ainsi s'explique également la stupéfaction que provoque généralement l'annonce de la mort d'un rugbyman, qu'il soit célèbre ou pas, et quand cette mort est due à une maladie ;

on les croit, en effet, plus ou moins invincibles, car ils respirent la force et la santé ; leur corps semble être un rempart sûr contre la mort. Certes, on sait bien qu'ils sont pourtant mortels, comme tous les autres individus ; mais la démesure de ce corps qui a combattu sur tant de terrains, qui a relevé tant de défis et accompli tant de prouesses nous paraît surhumaine et comme à l'abri dans quelque Panthéon ou quelque Olympe du rugby. Les rugbymen meurent comme tout le monde, mais le rugby, en renforçant ainsi les corps, peut nous laisser l'impression de vouloir conjurer la mort.

Oublier les risques et la douleur

« Jamais on ne paie trop cher une sensation. »

Oscar Wilde, *Le Portrait de Dorian Gray.*

Le corps rugbystique reste donc, finalement, humain et rappelle régulièrement qu'il est fait de la même matière que celui des profanes. Les coups finissent par faire mal, par laisser des traces, par marquer durablement des organismes qui, bien souvent, vieilliront mal. Passons sur les nez cassés, les oreilles en chou-fleur, ou sur les innombrables cicatrices (celles du visage de Serge Betsen comptent parmi les plus impressionnantes, et parlent avec éloquence de l'engagement, de la « générosité » de ce joueur) ; parlons plutôt de ces dos qui resteront douloureux jusqu'à la fin des jours, de ces vertèbres brisées dans des mêlées écroulées. Certes, nombreux sont les sports pouvant occasionner de graves blessures ; le rugby est cependant l'un de ceux où l'on n'hésite pas à mettre sa santé en danger, à se sacrifier, y compris pour des rencontres dont l'enjeu peut sembler bien dérisoire. On ne peut pas jouer au rugby et faire preuve de réserve. Ce sport exige un engagement total du sujet, une sorte de don de soi qui doit oublier les risques encourus et la douleur ressentie. On y fait l'offrande de son corps au jeu, dans une sorte d'inconscience qui, forcément, expose au danger. Il paraît alors difficile de concilier ce sport avec la plus élémentaire des prudences. Or, au vu des nombreuses incertitudes qui composent un match de rugby, la prudence semble être une vertu des plus utiles. Aristote nous dit, dans l'*Éthique à Nicomaque*, que cette prudence est particulièrement de mise dans le monde sublunaire, domaine du contingent et du hasard, impossible à connaître scientifiquement. Si le savoir d'un tel monde est impossible, alors mieux vaut y être prudent. Cette vertu devrait, en principe, être celle du rugbyman, même s'il n'a pas lu Aristote : il va, en effet, évoluer durant quatre-vingts minutes dans un environnement particulièrement dangereux. La question est donc : comment parviennent-ils à s'engager sans retenue, au mépris de toute prudence ? Comment le score d'un match peut-il être plus important que leur santé ? Comment peut-on prendre de tels risques, se jeter dans des combats aussi féroces ? Le philosophe est tenté de confesser sa perplexité. Les seules capacités exceptionnelles des corps en question ne sauraient être invoquées. Il y a autre chose, mais quoi ? Un coup, après tout, reste un coup : il fait mal à tout le monde, mais pas de la même façon. Quel est cet autre facteur qui permet de surmonter la douleur, de passer outre ?

Sans doute les joueurs ont-ils subi un certain conditionnement qui les a mis dans une sorte d'état de transe grâce auquel ils pénètrent sur le terrain dans des dispositions psychologiques bien particulières. Ce conditionnement a aboli provisoirement quelques barrières mentales, et permet d'entrer dans un état second : on oublie alors la douleur, le danger, la prudence et la peur. Difficile de caractériser cet état qui favorise l'engagement total du joueur. Il peut s'obtenir grâce à la rhétorique de l'entraîneur, qui aura su trouver les mots justes, donner à ses paroles la conviction nécessaire pour que ses joueurs se transcendent. Il aura alors déclenché une émotion. Cela tient parfois à la personnalité du capitaine, qui est peut-être un type que l'on suivrait jusqu'en enfer en raison de son charisme. C'était le cas, paraît-il, de Jacques Fouroux lorsqu'il était capitaine puis sélectionneur du XV de France. Certains joueurs ont confié qu'il aurait pu leur demander n'importe quoi : ils l'auraient fait. Plus près de nous, il y a enfin cette préparation commando suivie par l'équipe d'Afrique du Sud pour la Coupe du monde 2003 et qui, apparemment, représente le paroxysme du conditionnement. Mais un tel effet sur les joueurs ne s'obtient qu'à la condition d'instaurer un rapport de forces ; il faut que celui qui s'exprime, et qui demande l'engagement total, domine ceux à qui il s'adresse : il doit être un chef. Les joueurs vont donc, tels des soldats (l'essence du métier de soldat étant l'obéissance en toutes circonstances), se soumettre, accepter la domination de ce chef, se mettre à son service ; ce spectacle peut s'avérer absolument fascinant lorsque le chef (notamment l'entraîneur) est physiquement inférieur aux joueurs, et ne peut donc compter sur ses muscles pour argumenter son discours. Généralement, il découle de tout cela un mélange d'excitation et de détermination qui permet de faire le vide, de laisser de côté les réticences de la prudence et les limites de son corps. On est alors prêt à se jeter dans la bataille, car la préparation du match a consisté, en quelque sorte, à étourdir la conscience des joueurs. Il faut en passer par là afin d'oublier ses propres failles, qu'elles soient psychologiques ou physiologiques. La conscience du rugbyman doit donc être atténuée. Mais jusqu'à quel point ?

Ne plus penser ?

« Seuls sont heureux ceux qui ne pensent jamais. »

Cioran, *Sur les cimes du désespoir.*

La conscience est un savoir : avoir conscience d'une douleur, par exemple, c'est savoir que l'on a mal, c'est-à-dire le remarquer, s'en rendre compte. Or ce savoir n'est en fait qu'une pensée qui se porte sur une sensation ; savoir que l'on a mal, c'est donc penser que l'on a mal. C'est ainsi qu'une certaine retenue, qu'une prudence bien compréhensible peut faire son apparition et diminuer les performances du joueur, car de la pensée au doute il n'y a qu'un pas. Tout cela ne signifie pas, pour autant, qu'il faille n'être plus qu'un corps pour jouer au rugby. Cette conclusion est absurde. Je dis simplement qu'un rugbyman qui serait parfaitement conscient des risques qu'il prend et des dangers auxquels il expose son corps pourrait se mettre à douter. La finalité du conditionnement dont j'ai parlé plus haut est justement de diminuer la clairvoyance de la conscience, la lucidité de l'individu, et de placer ce dernier dans une sorte d'état second qui favorise l'engagement total en faisant sauter quelques barrières psychologiques. Le but n'est donc pas d'abrutir les joueurs, d'en faire des bêtes aussi féroces que stupides, mais de les mettre dans des dispositions psychologiques qui leur permettront de ne plus penser aux risques et à la douleur. Que l'on se rassure : on continue à penser lorsqu'on joue au rugby, même si parfois l'intuition, ou l'instinct, semble avoir supplanté le raisonnement ; mais il s'agit d'une pensée qui se focalise à présent sur le jeu, la stratégie, les combinaisons, une pensée qui cherche des failles dans le jeu adverse, et non le meilleur moyen de sortir indemne de cette situation particulière qu'est un match de rugby. Grâce à ce conditionnement, ce sport est donc perçu comme un jeu, et non comme un traquenard. Reconnaissons que pour n'importe quel individu s'écrouler dans l'herbe provoquera une légère douleur ; au cours d'une rencontre de rugby, ce cas risque de se reproduire une cinquantaine, voire une centaine de fois, et dans des conditions particulièrement intenses. Car autrui, dans le monde du rugby, est avant tout le corps d'un joueur qui va entrer violemment en contact avec le corps d'un joueur opposé. Telle est l'évidence première et indépassable du rugby. On peut bien insister sur d'autres aspects, mais il faudra toujours revenir au fait premier : le choc des corps. Il faut donc en passer par ce conditionnement qui n'est, en fait, qu'un travail sur la conscience. Muscler les corps ne suffit pas si l'esprit reste faible, et cette faiblesse est due à la pensée, à la conscience, au doute qui peuvent envahir un joueur, et ce malgré ses quatre-vingt-dix ou ses cent kilos. C'est d'ailleurs un paradoxe étonnant : le talon d'Achille de ces corps démesurés est parfois de nature psychologique. On a beau développer les corps et faire des joueurs de véritables colosses, ceux-ci restent fragiles par l'esprit. Tout à coup, le fossé entre eux et nous n'est plus aussi large : ils restent humains. Ils ont mal et peut-être peur, mais essaient de façon pathétique de surmonter ces réactions.

Des corps suspects

« […] le corps agrandi attend un supplément d'âme. »

Henri Bergson,
Les Deux Sources de la morale et de la religion.

Le point de départ de cette réflexion est un étonnement légitime : le monde du rugby nous introduit en effet dans une dimension physique particulièrement surprenante où nous croisons des corps impressionnants et, de plus, durs au mal. Mais l'étonnement, à lui seul, ne saurait définir de façon exhaustive l'attitude philosophique. S'étonner n'est que le commencement d'un processus qui vise à dépasser l'étonnement initial. L'autre qualité philosophique, par excellence, est le doute, c'est-à-dire une recherche de la vérité qui nous assure de l'activité de notre raison et qui inspecte sans relâche les jugements, les théories, les thèses sur lesquels notre esprit naturellement paresseux aimerait bien s'endormir. La question est donc maintenant : qu'y a-t-il de douteux dans le monde du rugby, et particulièrement dans le corps rugbystique ? Je dois confesser, pour commencer, que mon étonnement avait quelque chose d'indiscutablement naïf : je restais bouche bée devant des corps largement supérieurs au mien, et j'invoquais quelques explications qu'il va falloir, à présent, compléter. Le corps du rugbyman opère la synthèse, ai-je dit, d'une nature généreuse et d'un travail acharné ; il y a, au départ, des dispositions physiques qui vont être développées, épanouies, et un relatif ascétisme, ce qui, au passage, nuance la réputation festive des rugbymen. Cette réputation n'est pourtant pas usurpée…

L'ascète et le débauché

« Plus assez d'alcool dans le sang : l'angoisse montait. »

Michael Connelly, *La Glace noire.*

La vie d'un rugbyman est, la plupart du temps, incroyablement ascétique ; elle oblige l'athlète à renoncer à nombre de ses désirs. Mais on sait aussi, de façon diffuse il est vrai, et grâce à certaines confidences, que les rugbymen sombrent facilement dans la démesure orgiaque à l'occasion de ces fameuses troisièmes mi-temps. Dans les deux cas, pas de demi-mesure : l'ascétisme comme l'orgie sont poussés à l'extrême chez nombre de joueurs. Le rugby, en tant que sport, exige des athlètes ; mais le rugby, en tant que culture, apprécie les instants de débauche. Certes, il n'y a pas de haut niveau sans l'acceptation d'un mode de vie austère et rigoureux ; mais le rugbyman n'est pas seulement un athlète, c'est aussi un être de désirs. Le plus souvent, il doit maîtriser ses désirs, en abolir certains ou tenter de les sublimer dans le sport ; la plupart du temps, il désire ne plus désirer. Mais le caractère intenable de cette discipline est compensé par quelques soirées au cours desquelles les désirs réprimés vont enfin pouvoir jaillir. C'est peut-être une autre particularité du rugby, car les autres sports sont moins connus pour cette ambivalence ; il n'y a pratiquement que le rugby où l'athlète ascétique se métamorphose en noctambule débauché. Pourquoi cette spécificité ? Parce que le corps rugbystique autorise, par ses qualités hors normes, et notamment sa résistance, de tels excès. Il est évident que la tentation doit être grande d'utiliser un tel corps pour aller au bout de ses désirs, et pas seulement pour jouer au rugby. Ce sont donc les performances exceptionnelles de leur corps qui, en quelque sorte, les encouragent à aller un peu plus loin que les autres dans la débauche. Mais ces corps, dont j'ai vanté la solidité, la robustesse, la santé, sont également beaux et donc objets érotiques et fantasmatiques ; ils incitent au libertinage, à l'hédonisme, à l'occasion de ces fameuses soirées dont le récit, forcément déformé et amplifié, circule dans le monde du rugby. Tel est le premier doute qui m'envahit : derrière l'athlète à la discipline monacale, il y a un être qui doit lutter contre ses désirs et qui les laisse régulièrement exploser au cours des troisièmes mi-temps. Il faut se garder, cependant, de deux excès : généraliser et moraliser. Tous, bien entendu, ne versent pas dans la démesure à l'occasion de la fête. De plus, loin de moi l'intention de condamner moralement de tels excès ; le philosophe regarde plutôt la troisième mi-temps comme une sorte de laboratoire qui permet de progresser dans la connaissance de l'âme humaine. Il n'est pas non plus condamné au rôle de l'éternel spectateur qui resterait au bord du monde à le contempler.

Une comédie de la virilité ?

« Ô horreur de mes amours de jeunesse,
et j'enrageais d'être aimé pour les machineries animales
de virilité qu'elles me forçaient de faire,
qu'elles attendaient de moi. »

Albert Cohen, *Belle du seigneur.*

On peut regretter sincèrement que le monde du rugby, par ailleurs si sympathique, si chaleureux, ait pu sécréter un certain nombre de comportements qui confinent à la bêtise. Le problème n'est pas particulièrement lié à la brutalité de quelques-uns ; on verra plus loin que le rugby tend justement à canaliser l'agressivité et à la décharger dans un jeu soumis à des règles strictes. Le rugbyman n'est pas plus bagarreur, me semble-t-il, que la moyenne des individus ; simplement, la force et l'expérience dont il dispose rendent ses coups plus dévastateurs. On peut en revanche lui reprocher d'être parfois prisonnier de préjugés sur la masculinité, préjugés dans lesquels certains vont lamentablement s'engluer. Qu'est-ce qu'un homme, au juste, pour le monde du rugby ? Avançons prudemment : le pire serait, en effet, de n'opposer que d'autres clichés à ceux que l'on veut brocarder. On peut néanmoins avancer qu'il faut avoir un certain type de corps, disons solide, robuste, musclé. Il faut, en outre, être dur au mal, d'où le dénigrement des mauviettes, des « chochottes » qui, chose incompréhensible, éprouvent de la douleur à la suite d'un coup. Un homme se doit donc d'incarner un modèle que l'on pourra qualifier de viril, sous peine d'être excommunié de la masculinité. Beaucoup adoptent inconsciemment un tel modèle ; d'autres, plus pathétiques, sont simplement de mauvaise foi, en particulier ceux avec qui la nature n'a pas été très généreuse et qui compensent en poussant à l'excès la comédie de la virilité. Ces histrions du rugby font du tort à leur sport avec leur voix exagérément grave, leur regard méchant, leurs discours consternants sur les femmes ou les homosexuels. Indéniablement, de tels cas existent. Même si les mentalités évoluent, il y a parfois du machisme dans le rugby avec la promotion d'un certain type de masculinité caricaturale. Lorsque, par exemple, deux joueurs d'une même équipe qui vient de marquer un essai se jettent l'un contre l'autre, torse contre torse, voire même, comme ce fut le cas lors de la finale 2003 du championnat de France, front contre front, on nous joue peut-être une bien mauvaise mascarade de la virilité. On pourrait se contenter d'en rire s'il n'y avait plus grave : la secrète souffrance de ceux qui, manifestement, ne répondent pas à ce genre de critères. Qu'il y ait des homosexuels dans le rugby, cela semble indiscutable ; mais qu'il y ait des homosexuels notoires est plus incertain. On voit ici les ravages occasionnés par la persistance des clichés : on n'ose imaginer à quelles moqueries, à quelles provocations s'exposerait celui qui affirmerait ouvertement son homosexualité. C'est très regrettable, et le rugby n'en sort pas grandi ; on peut espérer une évolution des mentalités et de la culture de ce sport, mais malheur à ceux par qui le scandale arrive…

Nature, travail et chimie

« L'homme se reconnaît en son pouvoir démiurgique de tout changer, de tout renouveler, de tout reconstruire. »

François Dagognet,
entretien à *Sciences humaines*, n° 142.

Enfin, on ne peut expliquer totalement les performances du corps rugbystique en se contentant d'invoquer, comme je l'ai fait jusqu'à présent, des dispositions naturelles exceptionnelles relayées par un travail acharné. À vrai dire, j'aurais préféré en rester là, et laisser le rugbyman trôner sur son piédestal. Mais la métamorphose de certains corps fut si spectaculaire qu'elle ne peut manquer d'éveiller les soupçons. Durant les années 90, marquées par l'émergence d'un rugby vraiment professionnel, l'amateur de ce sport a pu constater que certains joueurs, dont il connaissait par ailleurs la morphologie ou bien encore les performances habituelles, avaient physiquement changé. Certes, le professionnalisme leur donnait maintenant la possibilité de se consacrer entièrement à leur activité, et par conséquent de s'entraîner davantage. Mais soulever toujours plus de fonte ne saurait constituer une explication suffisante et satisfaisante à un phénomène aussi soudain. Bref, la nature et le travail permettaient de pousser les corps jusqu'à certaines limites, et la chimie a permis de dépasser ces limites. C'est une question bien délicate que celle du dopage dans le monde du rugby ; et il est normal d'attendre des preuves de ce que l'on affirme, car la charge de la preuve incombe à celui qui avance pareille thèse. Je n'ai pas de telles preuves ; je n'ai que des doutes ; ces doutes se nourrissent, comme je l'ai dit, de constats, de faits : des corps qui se métamorphosent spectaculairement, des performances de plus en plus ahurissantes. Bien entendu, on pourrait rappeler qu'ailleurs cette pratique est de notoriété publique, et qu'il n'y a pratiquement qu'en France qu'elle reste secrète. De plus, de quelles substances parlons-nous ? Certaines sont connues de tous et peut-être régulièrement consommées (ainsi la créatine) par beaucoup de joueurs du Top 16, et même de Pro D2 ; d'autres sont si mystérieuses qu'il faut se contenter de vagues rumeurs, de confidences évidemment sujettes à caution. Pour autant, je reste convaincu qu'il y a encore dans le rugby moderne professionnel des joueurs exemplaires dont les résultats, dont la carrière, ne doivent rien à la chimie, mais s'expliquent tout simplement par une volonté de fer, un travail intense et des qualités naturelles. Ils méritent vraiment toute notre admiration, car ils restent authentiquement humains. Cet éloge du naturel, dans lequel on pourrait aisément tomber, est toutefois à nuancer : l'humanité est justement cette espèce à part qui ne laisse pas la nature en l'état, mais entreprend de la transformer, qu'il s'agisse de la nature extérieure ou de la nature humaine. En somme, rien n'est plus humain que cette modification artificielle qui peut passer par le travail, la technique, ou encore par l'art. Invoquer la nature n'a donc pas grand sens, car l'humanité est spécifique par cette action sur la nature : nous adaptons la nature à nos besoins, à nos désirs, alors que toutes les autres espèces continuent à s'y adapter. Pour nous, les humains, la nature est quelque chose qu'il faut dépasser. L'étymologie du mot nous rappelle au passage que la nature est toujours ce qui est donné en premier ; alors pourquoi se contenter de ce donné ? Ne sombrons donc pas dans la nostalgie des corps laissés à l'état de nature, car l'entraînement est déjà un travail de soi sur soi, et donc une transformation du corps naturel. Mais le recours à la chimie est bien différent : il enlève tout mérite personnel à l'athlète et est même en totale contradiction avec l'essence du sport, à savoir le dépassement de soi par la seule volonté. J'ai toujours regardé le sport comme une école de la volonté, c'est-à-dire que le sport nous apprend à vouloir, au lieu de se contenter de ce que l'on a et de ce que l'on est. Les athlètes dopés peuvent bien rafler les médailles et les honneurs, mais ils ne sont pas les seuls responsables de leurs performances, et au fond d'eux-mêmes ils le savent bien.

Le rugby aujourd'hui

« La nostalgie est une réaction contre l'irréversible. »

Vladimir Jankélévitch, *L'Irréversible et la nostalgie.*

Malheureusement, la tendance actuelle du rugby moderne n'est pas très encourageante : les corps vont continuer à être de plus en plus musclés, les chocs vont devenir de plus en plus violents, et les matchs se résumeront de plus en plus à une confrontation essentiellement physique. La loi du sport est que le meilleur l'emporte. Elle est toujours valable pour le rugby actuel, car, contrairement à bien d'autres sports, c'est toujours la meilleure équipe qui triomphe. Mais on peut craindre qu'un jour ce soit la plus forte, c'est-à-dire celle qui est physiquement la plus forte, qui gagne. La récente victoire de l'Angleterre en Coupe du monde préfigure, en ce sens, le rugby de demain : des corps monstrueux (regardez attentivement le corps des joueurs anglais, comparez-les à ceux d'il y a quelques années et même à ceux des joueurs français...), qui appliquent à la lettre les schémas tactiques d'un entraîneur qui est un véritable stratège, une redoutable efficacité, mais au détriment, le plus souvent, du jeu, du spectacle, des essais. Bref, la démesure croissante des corps aura forcément une incidence sur le jeu pratiqué (qui se résumera alors à l'affrontement, au combat) et éliminera du rugby de haut niveau les corps qui ne correspondent plus à ces nouveaux critères et qui auraient pu apporter d'autres qualités. Il faut résister à l'éloge du naturel en rappelant que le travail est déjà une transformation du corps initial ; saurons-nous maintenant résister à l'appel du bon vieux temps ? Nous sommes pratiquement tous tentés d'idéaliser le passé, de le regarder avec nostalgie : il s'agit d'une tendance profondément enracinée en l'homme. Dans le cas du rugby, elle n'est pas totalement irrationnelle ; reverrons-nous des cadrages débordements « à la Lagisquet » ? Reverrons-nous des joueurs comme Didier Codorniou ? Leurs corps correspondent-ils encore à l'air du temps ? La normalité de leurs corps leur permettrait-elle de figurer dans le rugby moderne ?

Essayons de récapituler. Lorsque le philosophe se promène dans le monde du rugby, la fameuse Ovalie, il est tout d'abord étonné de croiser des corps hors du commun. Bien entendu, ces corps sont tous différents, d'autant que le rugby a, semble-t-il, besoin de presque tout le monde, et réserve une place, ou un poste, à pratiquement tous les types de corps. Mais, par-delà ces différences, il y a une essence commune : ces corps sont démesurés par rapport à celui de l'homme moyen; ils sont soit plus musclés, soit plus lourds, soit plus grands, soit plus forts, soit plus puissants. Il est apparemment facile d'expliquer une telle disproportion, fruit de dispositions naturelles épanouies par un travail acharné. Face à de tels corps, le profane se sent dépassé : après avoir pris conscience de son propre corps, il ne peut manquer d'en relever les limites ; son corps réel abritait un corps possible mais qu'il n'a pas su révéler, et qui restera à l'état de promesse non tenue. Le rugby serait donc cette médiation grâce à laquelle les potentialités du corps vont pouvoir se développer : ce sport aiderait le corps à donner le meilleur de lui-même. Mais le rugby n'est pas que cela, c'est-à-dire l'opportunité d'épanouir les possibilités de son corps ; c'est aussi une véritable épreuve pour des organismes exposés à des blessures sérieuses et à des séquelles qui hanteront les vieux jours des rugbymen. Dès lors, la grande affaire est de parvenir à s'engager sans réserve dans ce jeu, en laissant de côté la prudence la plus élémentaire, et en oubliant la douleur. Le principal moyen d'obtenir ce sacrifice de soi consiste en un travail sur la conscience du joueur. Pour autant, il ne s'agit pas de ne plus penser et de n'être plus qu'un corps. Par contre, il faut atteindre une sorte d'état second, une espèce de transe qui, par la neutralisation de la conscience, permet de passer outre les risques, la douleur, les coups. N'être plus qu'un corps n'est donc pas la solution ; en revanche, oublier que l'on a un corps doté de telles qualités, mais aussi de telles limites, que les coups font mal, qu'un match est épuisant et dangereux, peut aider le joueur à s'engager davantage. La conscience, et plus particulièrement la conscience de soi, est précisément ce dont il faut pouvoir s'évader pour jouer au rugby sans retenue. Tout se passe donc comme si le corps hors normes des rugbymen traînait encore le fardeau de la conscience, fardeau dont on tente de les débarrasser au moyen d'un conditionnement préalable dont le but est d'étourdir la conscience des joueurs. L'éviction de cette satanée conscience est peut-être la finalité profonde de ces fameuses troisièmes mi-temps qui célèbrent les pâques d'un corps momentanément réconcilié avec des désirs que l'ascétisme de la semaine avait étouffés. C'est plutôt dans ce genre de circonstances qu'il s'agit de n'être plus qu'un corps (ce qui ne signifie pas que les désirs ont leur source dans l'organisme). Le rugbyman est un athlète incomparable : pour atteindre un tel niveau, il a forcément dû adopter un mode de vie austère, rigoureux, et donc chasser nombre de ses désirs. Bref, il est devenu un ascète. Mais alors que l'ascétisme moral, ou religieux, produit des corps cadavériques, à la pâleur et à la maigreur effrayantes, l'ascétisme sportif sculpte des corps parfaits. Mais cette traque des désirs est une discipline si violente que le rugbyman ne peut que passer d'un excès à un autre : il s'engage dans l'orgie avec la même démesure dont il fait preuve dans l'ascétisme. Bien entendu, les rugbymen ne sont pas les seuls à « se lâcher » pendant la fête. Mais leurs troisièmes mi-temps restent spécifiques en ce que la surpuissance de leurs corps, exacerbée par l'effet de groupe, produit une explosion orgiaque que les autres sports essaient parfois de pasticher. Il y a aussi un véritable culte du corps dans le monde du rugby qui, malheureusement, peut égarer certains. Le rugby promeut parfois une conception caricaturale de la masculinité qui, érigée en norme, aboutit au dénigrement quasi systématique de toute conduite qui s'en éloigne. Dans cette célébration de la surpuissance des corps, il arrive que l'on aille trop loin, et que l'on outrepasse les limites physiques grâce à la chimie. Cette surenchère n'est évidemment pas sans risques pour les organismes, mais aussi pour la qualité du jeu pratiqué, car la morne répétition des mêmes corps engendre probablement un jeu monotone. Lorsqu'en visionnaire du rugby Jacques Fouroux prophétisait le début d'une nouvelle ère, celle des fameux « technico-physiques », on avait à l'époque beaucoup ironisé ; force est de constater, aujourd'hui, que le rugby moderne lui donne de plus en plus raison, avec, toutefois, cette réserve : trop de physique risque de nuire à la technique. Pourquoi contourner, pourquoi éviter, pourquoi feinter, quand il suffit de foncer dans le tas ?

Rugby et éducation

« C'était un diamant qui n'avait rien perdu à être poli. »

Stendhal, *La Chartreuse de Parme.*

On peut être étonné par le rapprochement du rugby et de l'éducation, presque aussi improbable que celui du rugby et de la philosophie. Certes, une récente campagne de publicité a présenté ce sport comme une école ; mais si l'on s'en tient à la première impression laissée par un match de rugby, il semble qu'il n'y ait pas grand-chose de pédagogique là-dedans. Que voit-on, en effet ? Des corps redoutables qui se chamaillent dans la boue des stades ; une fin (la victoire) qui, à première vue, justifie tous les moyens. Des mauvais coups sont échangés dès que l'attention de l'arbitre est détournée ; des blessures impressionnantes..., le sang qui jaillit ; une impression générale de bestialité. Le tout se joue enfin sous les vociférations, les grondements, les huées d'un public acquis à la cause de son équipe et dont la mauvaise foi ne laisse pas l'ombre d'un doute. Le philosophe s'étant rarement aventuré dans un domaine aussi hostile, grande est pour lui la tentation de décréter qu'Ovalie est une terre dangereuse, barbare et stupide. Que faire d'autre, sinon la contourner prudemment ? L'éducation est censée nous rendre meilleurs ; peut-on dire que la pratique du rugby nous aura moralement fait progresser ? Ne sera-t-elle pas plutôt l'occasion de laisser se déchaîner les instincts les plus bestiaux ? De même que Platon redoutait les conséquences du spectacle tragique sur la moralité des citoyens, ne faut-il pas craindre que le rugby donne le mauvais exemple : celui de la brutalité, de la sauvagerie et de la violence ? Il me semble qu'il n'en est rien et que l'on peut, au contraire, louer ce sport pour ses vertus pédagogiques.

Je crois en effet que le rugby contribue, à sa façon, à l'éducation des joueurs, et que ceux qui s'y adonnent seront favorablement transformés par ce sport. Mais avant d'en arriver à pareille conclusion, il est bon d'essayer de cerner l'essence de l'éducation.

Éduquer pour humaniser

« L'homme qui médite est un animal dépravé. »

Jean-Jacques Rousseau,
Discours sur l'origine de l'inégalité parmi les hommes.

Une matière est donnée : il s'agit de la nature humaine. Ce socle naturel va être travaillé par l'éducation qui va tenter de lui donner une forme. Autrement dit, la base naturelle va être reprise en main, façonnée, par l'éducation. Le but de cette éducation est à la fois simple et grandiose : l'humanité. On voit par là que l'humanité n'est pas donnée, mais à conquérir par la médiation de l'éducation ; elle est, comme le précise Kant dans un texte célèbre (extrait du *Traité de pédagogie*), une destination. Nous avons donc à changer, au cours de notre vie, de condition : nous naissons animaux, et nous avons à devenir humains. Les autres espèces resteront ce qu'elles sont : elles répéteront indéfiniment leur condition originelle ; pour elles, le temps perpétue l'état initial : ce temps n'apporte rien de nouveau, ce temps n'est pas de l'Histoire. Pour nous, au contraire, un changement radical, un progrès, doit se produire : il s'accomplira grâce à l'éducation.

On sait à présent ce qu'elle favorise : l'émergence, la naissance de l'humanité. Mais en quoi consiste-t-elle, au juste ? Kant la définit ainsi : elle est la somme de la discipline et de l'instruction ; le rugby étant particulièrement concerné par le premier volet (même si, avec Kant, on est loin, très loin du rugby, il faut bien le reconnaître).

Qu'est-ce que la discipline ? Kant la présente comme étant purement négative, car, à vrai dire, elle n'apporte pas quelque chose, mais enlève quelque chose, en l'occurrence la sauvagerie, « elle se borne à dépouiller l'homme de sa sauvagerie ». Cette sauvagerie est aussitôt définie comme « l'indépendance à l'égard de toutes les lois ». Il faut donc imposer des lois à la nature bestiale, animale, de l'homme, afin d'en faire un être civilisé. Sans la discipline, nous resterions ce que nous sommes à la naissance, c'est-à-dire sauvages. L'éducation, et tout particulièrement la discipline, est donc un rendez-vous capital ;

le rater, c'est rester un animal. Elle doit être complétée par l'instruction ; mais celle-ci est moins essentielle, bien que Kant dise d'elle qu'elle est « la partie positive de l'éducation » ; positive, car elle apporte quelque chose : un savoir, des connaissances. L'absence, ou la faiblesse, de l'instruction nous laisse incultes, mais humains. En somme, ce n'est que par la médiation de l'éducation, et en particulier de la discipline, que nous deviendrons humains. Le rugby, justement, est une forme d'éducation, car il est inséparable d'une discipline. Certes, lorsque l'on commence à jouer au rugby, l'éducation et donc l'humanisation ont déjà débuté ; aussi va-t-il simplement les parfaire. Il va notamment s'occuper de ceux en qui la nature se manifeste de façon impétueuse, et qui ont du mal à contrôler leurs réactions, à canaliser leur énergie. Ceux-là trouveront dans le rugby l'occasion d'exprimer leur fougue, et surtout de la dominer. Mais comment le rugby va-t-il parvenir à éduquer les individus ?

Au moyen de contraintes, car c'est surtout sur la sauvagerie naturelle qu'il s'agit de travailler. Ce sport est, en effet, caractérisé par de très nombreuses contraintes ; il peut être tentant de généraliser ce jugement à tous les autres sports, mais très rares sont finalement ceux qui peuvent soutenir la comparaison avec le rugby. Il faudra, tout d'abord, se soumettre à des individus, souvent plus âgés, souvent moins costauds, et souvent seuls face à la meute des joueurs : il y a, bien évidemment, l'arbitre ; mais il y a aussi l'entraîneur, les dirigeants du club, et le capitaine. À chaque fois, les joueurs s'inclinent devant une autorité, alors même qu'ils sont les plus forts et les plus nombreux. Par là, la force et le nombre sont rabaissés. Cette leçon est capitale : le droit du plus fort n'est pas un droit, et être nombreux ne saurait constituer un argument. De plus, il faudra se soumettre à des règles strictes et complexes alors même qu'on n'a peut-être qu'une envie : se déchaîner, laisser exploser notre agressivité naturelle. Bien loin du déferlement de violence auquel on pourrait s'attendre, le rugby propose le spectacle étonnant de colosses contraints à accepter tel placement, telle position, tel geste, etc. Bref, il faut encore une fois se soumettre, s'incliner devant la précision, la minutie d'un règlement qui force les joueurs à dominer leur nature, leur impulsivité. Cet aspect du rugby est absolument fascinant : alors que les joueurs désirent peut-être en découdre, se jeter comme des fous dans de furieuses batailles, un règlement tatillon vient brider leurs élans en les contraignant dans leurs moindres faits et gestes ; ils doivent, au moins au début, en concevoir une incroyable frustration.

C'est donc une rencontre très concrète et précoce avec le droit que favorise le rugby, rencontre décisive pour les individus. Il y a enfin une autre révélation qui achève de faire du rugby une véritable éducation : le joueur est contraint de renoncer à l'individualisme, car seul, il n'est rien, seul, il est même en danger. On le force donc à penser, en priorité, à son équipe, à voir plus loin que ses propres performances individuelles, à s'élever vers l'intérêt général au service duquel il doit se mettre. Cette leçon est, elle aussi, inestimable ; elle n'est cependant pas spécifique au rugby : elle caractérise fortement tous les sports collectifs, qui, par conséquent, constituent eux aussi une forme d'éducation.

Dépasser la contrainte

« […] nous ne pouvons jamais, même par l'examen
le plus rigoureux, pénétrer entièrement
jusqu'aux mobiles secrets. »

Kant, *Fondements de la métaphysique des mœurs.*

Toutes ces contraintes, et bien d'autres encore, sont les principes de base de l'éducation dispensée par le rugby. Mais la contrainte seule s'avère insuffisante, car elle risque, au lieu d'éduquer, de frustrer dangereusement celui qui la subit. Il faut, en outre, que ces contraintes ne soient plus regardées comme des entraves qui, de l'extérieur, pèseraient sur les individus et exigeraient d'eux la soumission, l'obéissance ; si c'était le cas, on n'aurait pas vraiment éduqué mais plutôt provisoirement neutralisé, et il faudrait craindre à tout moment un retour de la sauvagerie. Le joueur doit donc adhérer à toutes ces contraintes, les ressentir plutôt comme des obligations, reconnaître qu'il n'y a pas d'autre moyen, pas d'autre solution. Si ce cap décisif est franchi, alors l'éducation aura été réussie, car le rugbyman obéira à présent à des règles qui auront son adhésion, son consentement ; il se soumettra volontairement et n'aura plus l'impression que des contraintes s'exercent sur lui contre sa volonté. Il s'obligera à respecter ces règles et ne les regardera plus comme des obstacles. Regarder les choses sous cet angle demande du temps ; mais l'éducation ne peut faire l'économie de cet infléchissement.

Une leçon de maîtrise

« [...] remporter sur soi-même la victoire est, de toutes les victoires, la principale et la plus excellente, tandis qu'être vaincu par soi-même est, de toutes les défaites, la plus honteuse et la plus néfaste. »

Platon, *Les Lois.*

Il semble donc que le rugby soit bel et bien une forme d'éducation. Mais l'on peut se demander, à présent, quels sont les résultats concrets de cette formation. Ils sont essentiels, car le rugby, en éduquant des joueurs, contribue aussi à former des citoyens. Il enseigne, principalement, la maîtrise de soi. Or, il y a en nous une impulsivité naturelle qui ne demande qu'à se traduire par des réactions immédiates ; ces dernières, par leur soudaineté, échapperaient au contrôle de la raison. Surmonter cette tendance n'est pas chose aisée, car cela suppose que l'on effectue un détour par la raison, détour qui demande un délai, donc du temps, alors que l'impulsivité s'installe dans l'immédiateté. Il faut donc imposer une médiation, celle du temps, celle de la raison, à une nature qui, justement, refuse d'attendre et réagit spontanément à des stimuli. Ce problème est rencontré par tous les individus, et pas seulement par les rugbymen. Trop souvent, nous nous laissons déborder par le flot impétueux de la nature en nous qui submerge la fragile digue de la raison. La solution, on l'a dit, est le temps. Pour ne pas succomber devant la colère, l'impulsivité, la fougue, pour essayer de dompter cette part sauvage qui est en nous, il faut se donner un peu de temps. Leibniz rappelle, dans les *Essais de Théodicée*, que nous sommes les maîtres chez nous et qu'il suffit parfois d'une petite astuce pour se donner un peu de temps et désamorcer la réaction imminente. Auguste sur le point d'ordonner la mort de Fabius Maximus applique le conseil du philosophe Athénodore : il récite l'alphabet grec « avant que de rien faire dans le mouvement de sa colère » (III, 326). Ce petit répit fait retomber la tension, épargne la vie de Fabius Maximus et ajoute à la gloire d'Auguste. Mais qu'est-ce que cela signifie ? Quand un rugbyman est victime d'une injustice, quand il subit des provocations, quand il est agressé, doit-il vraiment réciter l'alphabet grec dans sa tête ? Oui, en quelque sorte. L'alphabet grec ou autre chose : compter, par exemple. L'important est de se donner un peu de temps de manière à ne pas s'abandonner à l'immédiateté. Le rugby, justement, nous encourage à nous engager dans cette direction, tout en nous soumettant à de nombreuses épreuves risquant d'entraîner autant de rechutes. Un match de rugby est effectivement un exercice de maîtrise de soi ; il est si facile d'y « dégoupiller », comme on dit, c'est-à-dire de laisser exploser sa colère, que l'on peut s'étonner que les rencontres, en général, se passent aussi bien. Le joueur comprend que son incapacité à se maîtriser le pénalisera et portera préjudice à son équipe, à son club. Certes, dans un tel raisonnement, on s'occupe surtout des conséquences d'une éventuelle brutalité ; ce n'est donc pas une question de principe, mais une sorte de calcul prudent, un impératif hypothétique, pour parler comme Kant. L'essentiel est pourtant que l'agressivité a été contenue, même si ce n'est pas un principe moral qui a retenu le coup qui menaçait de partir.

Pour beaucoup, la rencontre avec le rugby a donc été une chance : ce sport leur a appris à se maîtriser, à contrôler leurs réactions, au lieu de céder à la colère. Ils ont ainsi été transformés, éduqués. Une telle conclusion fera peut-être sourire certains, qui auront alors beau jeu de faire défiler devant nous le cortège de tous les mauvais coups dont le rugby est capable, et notamment des bagarres aussi mémorables que terrifiantes. Évidemment, personne ne contestera la réalité de tels faits, leur persistance, y compris dans le rugby moderne. Mais de tels comportements sont proscrits, et sanctionnés ; on peut bien nous objecter qu'ils existent, mais l'important est qu'ils doivent se régler sur le droit. Que des réactions agressives perdurent dans le rugby est un fait ; mais ce sport oblige justement la nature du joueur à s'adapter à la loi et à adopter une conduite régie par la raison. Cette raison, on l'a vu, peut fort bien, il est vrai, ne se livrer qu'à un calcul sordide : si je donne un coup de poing, je risque l'exclusion, donc je ne vais pas le faire… Mais elle peut également s'élever vers un impératif catégorique qui ravirait Kant : je ne dois pas donner ce coup, un point c'est tout, il n'y a pas à discuter, car il s'agit d'un principe à l'égard duquel il faut être intransigeant. Des rechutes, on l'a dit, pourront se produire, car le chemin qui mène à la maîtrise de soi regorge de traquenards qui sont autant de mises à l'épreuve. Mais le rugbyman doit pouvoir les traverser avec la même imperturbabilité qu'un sage de l'Antiquité, car, en principe, le rugby l'a rendu plus fort.

De la violence vers la force

« La violence se situe à l'opposé de la force car l'énergie qu'elle met en œuvre n'est que l'énergie du désespoir. »

Georges Gusdorf, *La Vertu de force.*

Cette force n'est évidemment pas seulement physique, elle est aussi et surtout psychologique. La force est le résultat obtenu grâce au rugby ; mais quel était l'état antérieur ? Pour certains, c'était la violence, ou encore la brutalité. Nombre de joueurs ont une dette envers le rugby : ils avaient une inclination pour la violence, et le rugby les a rendus forts. Mais quelle est, au juste, la différence entre la violence et la force ? La violence est-elle, d'autre part, le terme adéquat pour désigner cette agressivité naturelle qui bouillonne en certains ? Il faut bien distinguer, me semble-t-il, violence et nature, et se garder de parler d'une violence naturelle. La nature est incapable de violence, car elle est dépourvue d'intention. Pour qu'un acte soit jugé violent, il doit être accompagné d'une intention violente. On peut me bousculer dans la rue ; malgré l'intensité du choc, il ne s'agira d'une violence qu'à la condition qu'une intention de me bousculer ait présidé à cet acte. Il peut donc y avoir dans le rugby des joueurs violents ; ce sont ceux dont les gestes violents expriment une intention elle-même violente. D'autres ont davantage un problème d'agressivité qu'ils ont du mal à canaliser : ils s'emportent, s'énervent, mais sans avoir au fond d'eux une véritable violence, et donc l'intention de faire du mal aux adversaires. Pour eux, le rugby sera une véritable école de la volonté qui leur apprendra la maîtrise des réactions immédiates par la médiation du temps et de la raison. Quant aux premiers, le rugby peut aussi leur venir en aide, mais leur cas est plus ardu. Il faut d'abord bien comprendre que cette violence dissimule en fait un secret : elle n'est que le symptôme d'une faiblesse, d'une infériorité que l'intéressé tente, consciemment ou inconsciemment, de cacher. Cette violence peut bien, par son déchaînement, nous impressionner ; mais elle ne traduit en fait qu'un double échec : l'impossibilité de se dominer et l'incapacité de vaincre son adversaire en respectant les règles. Celui qui est fort n'a pas besoin d'être violent : il domine et se domine ; et le fait est que les grands joueurs ne sont pas violents.

Mais quand on est dépassé par plus fort que soi, comme c'est le cas, par exemple, d'un pilier qui plie, ou qui recule, et dont la mêlée est malmenée, certains vont recourir à la violence, ce qui constitue alors un aveu d'impuissance. On ne sait plus vraiment, dans ce genre de circonstances, quel est le meilleur moyen de sauver la face : est-ce en reconnaissant sa défaite, ou bien est-ce en mettant le feu aux poudres ? La seconde solution est la pire : à l'infériorité physique, ou technique, elle ajoute l'incapacité de se maîtriser. Mais, pour les violents, les coups sont une façon d'affirmer une virilité mise à mal dans le jeu : s'engager dans la voie de la violence, c'est donc vouloir être reconnu pour un homme et effacer l'affront de la défaite. Les rugbymen, et notamment les avants, sont terrorisés par la perspective de reculer, d'être dominés ; tout se passe comme s'il s'agissait pour eux d'une intolérable remise en cause de leur virilité ; d'où la tentation de la violence pour continuer à affirmer celle-ci : elle est la tentative désespérée de ceux qui ont été humiliés.

L'éducation dispensée par le rugby ne doit donc pas perdre de vue que l'essentiel est tout autant de vaincre l'adversaire que de se vaincre soi-même, c'est-à-dire surmonter ces réactions imbéciles et passer enfin de la violence à la force. Mais si le rugby éduque, il reste avant tout un sport, et les victoires morales qu'il propose ont beau être belles, elles n'ont pas l'éclat des trophées : se vaincre soi-même, apprendre à être fort, tout cela est un bien beau programme, mais un peu pâle à côté d'une victoire en compétition. Il y a enfin le cas encore plus préoccupant de joueurs dont la violence ne correspond même pas à une infériorité physique ou technique ; des joueurs qui, apparemment, font le mal volontairement, en toute connaissance de cause, par exemple en piétinant un adversaire qui, soi-disant, gêne la sortie du ballon. Le cas est d'autant plus inquiétant qu'il est relativement fréquent et qu'il s'accompagne d'intention et de lucidité : on sait qu'un coup de crampons fait mal, et pourtant on le donne. C'est évidemment de la pratique du *rucking* que je veux parler, pratique particulièrement sadique, et bizarrement tolérée dans la mesure où elle est censée favoriser la libération de la balle. Que de mauvais coups ont ainsi été justifiés par ce point de règlement dont le rugby ferait mieux de se débarrasser pour de bon ! La persistance de tels gestes nuance cependant la thèse selon laquelle le rugby éduque : ici, manifestement, l'éducation a échoué ; il ne reste plus qu'à appliquer le droit avec la plus grande sévérité, et même à changer la loi qui autorise de tels gestes.

En résumé : le rugby est une forme d'éducation, car il transforme favorablement des natures impulsives, sauvages, en les soumettant au droit et en les forçant à renoncer à la brutalité au profit de la force. Il enseigne la maîtrise de soi, alors qu'il est si facile de céder à des réactions immédiates. Aussi un match de rugby se passe-t-il, généralement, bien : les joueurs ne sont pas des chiens fous, écervelés, avides d'en découdre vigoureusement ; ils respectent, la plupart du temps, leurs adversaires, mais aussi la personne de l'arbitre et ses décisions ; tous les sports, et notamment le football, ne peuvent en dire autant… Le rugby parvient à rester un jeu que l'on pratique pour s'amuser, par plaisir, mais aussi pour gagner. Il ne dégénère que rarement en une guerre féroce, car les joueurs ont été éduqués par ce sport qui est donc, on l'a vu, un peu plus qu'un sport. Mais on ne peut, pour autant, tout attendre du rugby : il reste des joueurs violents pour qui il est l'occasion de manifester cette violence par de mauvais gestes. En somme, ce sport ne rend pas violent, tout au contraire ; mais il offre à ceux qui le sont déjà l'occasion de faire le mal.

Des origines paradoxales

« Le rugby a cette fonction cathartique qui nous permet d'exorciser notre besoin de violence. »

Daniel Herrero, *Dictionnaire amoureux du rugby.*

On pourrait en rester là, et considérer que la thèse est vraie. Mais, à y regarder de plus près, elle paraît difficile à concilier avec certains faits historiques. Mon intention n'est nullement d'écrire une histoire du rugby ; il me faut pourtant tenir compte des origines de ce sport. Il fut d'abord pratiqué au XIXe siècle par des fils de bonne famille issus de la bourgeoisie et de l'aristocratie du Warwickshire. Qu'est-ce que cela signifie ? Simplement que les premiers rugbymen étaient des jeunes gens bien éduqués, bien élevés, ayant de bonnes manières, et on ne voit pas bien en quoi le rugby pouvait parfaire leur éducation.

L'objection est sérieuse : aussi la thèse soutenue doit-elle être complétée.

Pour le moment, j'ai surtout insisté sur les nombreuses contraintes qui pèsent sur le rugbyman. Il doit obéir à un règlement dont la minutie n'a peut-être pas d'équivalent dans les autres sports ; il doit aussi obéir à certains individus, il doit se plier à des lancements de jeu, à des tactiques, à des combinaisons ; il doit penser à son équipe avant de penser à sa propre performance ; et tout cela alors qu'il dispose d'un corps exceptionnel, alors qu'il est le plus fort. On assiste donc au spectacle étonnant du plus fort qui s'incline devant le droit, devant l'autorité : la nature sauvage de l'individu a été disciplinée et la loi du plus fort a été renversée.

Mais le succès d'un sport comme le rugby devient incompréhensible si l'on s'arrête à cette idée, à savoir que l'éducation dispensée par ce sport se résume à la discipline. Si le rugby plaît autant, c'est bien parce qu'il parvient à proposer autre chose que des contraintes. Mais quoi d'autre ? Ce sport offre la possibilité de décharger dans le jeu une phénoménale énergie, ce que ne permet pas la vie quotidienne encadrée par des lois strictes. Bien sûr, il y a des lois dans le rugby ; il y en a même beaucoup, et elles sont particulièrement tatillonnes. Mais elles permettent la manifestation de la fougue tout en posant des limites. En se contentant de l'idée que le rugby est une discipline, on s'arrête donc à mi-chemin : certes, il canalise la sauvagerie, mais en favorisant l'expression de celle-ci ; bref, il est à la fois une discipline et l'occasion de se défouler comme jamais. Il interdit et permet en même temps, tout simplement parce que son règlement est ainsi fait qu'il libère et limite à la fois. Un ou deux exemples aideront à cerner cette particularité : un joueur, et plus précisément un avant, peut se jeter furieusement dans une mêlée ouverte, s'y précipiter à toute vitesse et donc occasionner un terrible impact qui sera dévastateur pour les autres joueurs. Il le peut, le règlement l'y autorise : il a le droit de s'engager avec une extrême intensité ; par contre, il devra le faire en respectant certaines règles : par exemple rester sur ses appuis et ne pas venir par les côtés. Tout le rugby est là : une porte est laissée ouverte et elle explique le succès du rugby ; l'énergie qui est en nous peut éclater, exploser, à la seule condition d'accepter certaines règles. Il en va de même pour le plaquage : il peut être « désintégrant » pour l'adversaire, qui encaissera un choc d'une intensité inouïe, et pourtant être parfaitement licite si, par exemple, il n'est pas trop haut. C'est notamment cela que les joueurs recherchent dans le rugby : l'occasion de déverser dans le jeu un trop-plein d'énergie que la vie quotidienne ne pourrait absorber. Mais ils rencontrent alors un sport qui va leur imposer une discipline de fer. Les deux idées se complètent donc bien, et désignent le rugby comme une éducation intelligente. Une éducation stupide, en revanche, s'arrêterait au stade de la contrainte, et le principal effet obtenu serait la dangereuse frustration d'individus qui seraient plus neutralisés qu'éduqués. L'éducation la plus sage est celle qui, sans transiger sur le respect dû au droit, favorise également l'effusion de l'énergie, l'épanchement de la fougue des individus. On peut ainsi maintenir la thèse selon laquelle le rugby éduque : on y obéit au droit et on y décharge son énergie. L'éducation qu'il promeut est un mélange subtil de discipline et de permission. C'est surtout le deuxième aspect qui a dû séduire les premiers rugbymen, ces « jeunes gens bien nés de l'ère prévictorienne » (Jean Lacouture, *Voyous et gentlemen*, p. 14).

Plus qu'un sport : un aspect de la culture

« […] cet être unique dans la nature dont c'est l'honneur de n'appartenir pas à la nature. »

Nicolas Grimaldi, *Le Travail.*

Le rugby a parfois mauvaise réputation, mais uniquement auprès de ceux qui ne connaissent pas bien ce milieu. On l'accuse d'être un sport violent pratiqué par des imbéciles d'autant plus dangereux qu'ils sont physiquement redoutables. On dit aussi que les rugbymen, lorsqu'ils sortent en bande, sont vaniteux, insupportables, capables d'atteindre les cimes de la bêtise humaine. Sans doute y a-t-il un peu d'amertume dans ce jugement précipité ; j'ai déjà dit que le corps exceptionnel du rugbyman nous renvoyait à notre propre corps, et pouvait ainsi être jalousé.

C'est la raison pour laquelle certains, s'estimant vaincus, dépassés au niveau physique, gagnent alors les plus hautes régions intellectuelles et culturelles pour échapper à l'ombre du corps rugbystique, avec le secret espoir de le regarder de haut. Beaucoup raisonnent de la sorte : ils concèdent qu'ils sont physiquement inférieurs aux rugbymen, mais qu'ils les dépassent largement au niveau intellectuel. Ainsi naît le cliché du rugbyman qui n'est finalement qu'une brute épaisse. J'ai tenté de montrer que le rugby, loin d'abrutir, éduque en fait les joueurs. Cette éducation consiste principalement en une soumission de la nature au droit, et enseigne essentiellement la raison, la maîtrise de soi et la force. Le rugby n'est donc pas un sport violent, car la violence est précisément ce qu'il veut corriger. De plus, les règles sont omniprésentes dans ce sport qui, me semble-t-il, est le plus encadré qui soit. Pour autant, il favorise aussi l'effusion de l'énergie du joueur tout en la canalisant. Tout le défi de ce sport est donc de parvenir à conserver l'énergie brute (et non brutale) de l'individu et de la concentrer uniquement sur le jeu : le moyen d'y parvenir est l'éducation, et celle-ci aura principalement recours à la contrainte du droit. L'éducation sera pleinement réussie lorsque le joueur ne regardera plus les lois comme une contrainte, mais comme une obligation qui a son adhésion. Par la médiation de l'éducation, tout être humain quitte la nature et accède à la culture, à la civilisation, à l'humanité ; c'est le même itinéraire que propose le rugby. La science et la technique humaines ont accompli des prodiges en domptant, par exemple, des fleuves sauvages ; il suffit, à chaque fois, de canaliser le flot impétueux d'une énergie naturelle ; le rugby s'inscrit, à sa façon, dans le projet plus général d'un contrôle de la nature par l'humanité. La technique est l'un des aspects de ce projet ; l'éducation en est un autre…

ORDRE ET DÉSORDRE DANS LE RUGBY

« Dans la poussière des étoiles, les astronomes ont dessiné des constellations. »

Vladimir Jankélévitch, *Henri Bergson.*

Ce nouveau chapitre se situe en fait dans le droit fil du précédent, car l'ordre est l'un des effets de l'éducation proposée par le rugby, et en particulier de l'exigence de discipline qui est inséparable de ce sport. Quant au désordre, il serait en quelque sorte la situation initiale, originelle, celle qu'il faudrait absolument surmonter pour que l'on puisse jouer au rugby. Ce désordre serait principalement dû à l'incapacité de se maîtriser, qui caractérise la nature brute des joueurs, mais aussi à la spontanéité de mouvements individuels. Bref, tout se passe comme si le désordre était premier, l'ordre second, le désordre étant ce qui nuit au jeu et ce qu'il faut, par conséquent, abolir. Mais les réflexions qui suivent vont considérablement nuancer de telles conclusions, si bien que, pour l'instant, une seule chose est sûre : l'opposition de l'ordre et du désordre est absolument essentielle pour bien comprendre la spécificité du rugby.

La passion de l'ordre

« … ce jeu […] où le comble de la loi
bride le pire de la furie. »

Jean Lacouture, *Voyous et gentlemen.*

Il y a de l'ordre dans le rugby, c'est une évidence. Mais pour le profane qui s'arrête à une première impression, ce sport peut, tout au contraire, lui présenter l'apparence d'une confusion fondamentale, principalement due à l'enchevêtrement des corps. Cette impression est superficielle : certes, le contraste entre certaines phases où l'ordre domine (mêlées fermées, touches…) et d'autres où la confusion semble s'installer est saisissant. On peut donc, après avoir concédé qu'il y a effectivement le projet d'instaurer un ordre dans le jeu, être tenté de juger que de fréquentes rechutes dans le chaos sont inéluctables. Pourtant, ces actions qui paraissent consacrer le triomphe du désordre sont elles aussi soumises à un ordre, elles aussi contrôlées par un règlement dont j'ai déjà dit qu'il était extrêmement pointilleux. Dans bien des cas, et si l'on est éclairé de connaissances plus pointues, il suffira de gratter légèrement ce désordre apparent pour y découvrir un ordre sous-jacent.

Ce sport est fasciné par l'ordre : le rugby veut en effet que l'ordre règne. Dès qu'un match, même spectaculaire, dégénère et sombre dans la confusion, les experts stigmatisent l'apparition du « n'importe quoi ». On verra toutefois que le rugby, paradoxalement, continue à adorer les joueurs dont la prise de risques, les initiatives insensées font d'eux d'authentiques trublions. Mais si l'irrationalité de certains joueurs peut avoir un charme fou, l'exigence d'ordre reste prioritaire. C'est d'ailleurs l'ordre qui caractérise fortement le rugby, et non la sécession inspirée de certains, plus artistes que géomètres. Mais tout d'abord, qu'est-ce que l'ordre en général, et qu'est-ce que l'ordre rugbystique en particulier ?

Il y a ordre lorsque des éléments, des individus, vont être regroupés dans une structure qui va leur imposer une forme déterminée. Il s'agit donc d'intégrer différentes singularités de manière à constituer un ensemble unique qui aura telle configuration. L'ordre ramène donc la partie vers le tout, et cette partie va s'insérer dans une organisation bien précise. Dans le rugby, la mêlée fermée est peut-être le meilleur exemple d'ordre : huit joueurs de chaque équipe vont se regrouper de telle sorte qu'ils constitueront une structure voulue par le jeu, qui a donc réussi à imposer son ordre aux individus. On en dirait autant de la touche, qui est un exercice où, là aussi, règne un ordre strict : tout est contrôlé, du placement des joueurs, de l'intervalle qu'il y a entre eux, jusqu'au geste lui-même qui permettra de se saisir du ballon ; l'individu, encore une fois, se soumet à un ordre. En revanche, il est facteur de désordre à chaque fois qu'il s'écarte des règles ; aussi faut-il immédiatement arrêter le jeu, sanctionner le joueur et étouffer aussitôt la manifestation de la singularité. La singularité individuelle, voilà le péril pour le rugby, car celle-ci est habitée par une force centrifuge qui l'expulse de l'ordre et sème le trouble dans le jeu. L'individu doit donc s'adapter à l'ordre, et l'ordre n'a pas à s'adapter à lui.

Ce prestige de l'ordre dans le rugby a quelque chose de militaire, car l'armée poursuit le même but : faire que des individus se soumettent à un ordre et obéissent. Par « ordre », je ne désigne pas ici l'injonction, mais la structure globale imposée à plusieurs individus, comme par exemple la constitution d'un peloton dans lequel la place et les mouvements de chacun seront imposés et non laissés à la libre initiative individuelle. Je n'irai pas, cependant, jusqu'à dire que l'ordre rugbystique prolonge ou copie l'ordre militaire, mais il me semble qu'à chaque fois on a peut-être affaire à une machine destinée à happer les individus. Il n'est pas toujours évident, du reste, de se dépêtrer de cet ordre une fois que le temps de l'armée, ou le temps du rugby, est terminé, car nos faits et nos gestes ont été à ce point conditionnés que les retrouvailles avec les mouvements naturels de notre corps peuvent être retardées. De plus, l'exécution machinale des gestes militaires ou rugbystiques peut être si somnambulique que l'engourdissement, parfois, nous guette. Mais le rugby a ceci de particulier que les sensations dont il s'accompagne, en particulier la douleur ou la fatigue, nous ramènent vers notre moi, un moi qui doit pourtant être intégré dans une structure.

Il ne faut pas non plus accorder trop d'importance à l'histoire si particulière du rugby italien, qui, on le sait, doit son essor au pouvoir fasciste. Que le rugby ait pu, à un moment et à un endroit bien précis, faire partie de la politique d'une dictature ne doit pas nous amener à conclure qu'il y a quelque chose de fasciste dans ce sport. On peut aimer l'ordre, vouloir son instauration, sans être un militaire ou un fasciste ; il suffit de comprendre qu'on ne peut, sans doute, faire l'économie d'un tel ordre à partir du moment où plusieurs individus vont devoir cohabiter, que ce soit dans une communauté, dans une société, ou bien sur un terrain de rugby. Enfin, l'ordre ne s'oppose pas forcément à la liberté, il peut même être la condition de celle-ci ; il suffit pour cela qu'un tel ordre soit juste. Or, on ne voit pas en quoi l'ordre instauré par le rugby serait injuste, et l'on comprendra bientôt qu'il n'interdit certains faits et gestes que dans le but de pouvoir jouer.

L'ordre légal

> « Ainsi la liberté excessive semble se changer en rien d'autre qu'en un esclavage excessif, à la fois pour l'individu et pour la cité. »
>
> Platon, *La République*.

À la question : « Pourquoi l'ordre dans le rugby ? », on répondra donc : pour parvenir à jouer ; sans ordre, le chaos, voire la guerre, guette le rugby. Plus précisément, l'ordre est un rempart contre l'arbitraire, facteur ici de désordre. L'individu n'a pas à imposer sa vision des choses du rugby, sa subjectivité ou sa lecture personnelle des règles ; une telle pente nous conduirait soit vers le relativisme et le scepticisme, soit vers la restauration du droit du plus fort, qui, comme on le sait, n'est pas un droit. Si l'individu veut jouer au rugby, il devra donc s'insérer dans l'ordre que ce sport va établir. Comment parvient-on, à présent, à établir un tel ordre ? Grâce au droit, c'est-à-dire au règlement, et on sait qu'il est particulièrement précis dans le rugby. Mais le droit n'est qu'une voix faible, impuissante, bien peu écoutée, s'il n'est appliqué par un pouvoir qui contraint par la force. Cette force est incarnée par l'autorité de l'arbitre, qui, bien qu'il soit seul et inférieur physiquement aux joueurs, parvient à se faire respecter, et à mettre de l'ordre dans un match de rugby. Il y a là, quand on y pense, quelque chose de miraculeux : un homme seul dirigeant trente joueurs, chacun disposant d'une supériorité physique sur lui, et pouvant à tout moment rétablir la loi naturelle, celle du plus fort. Pourtant, cela n'arrive jamais, et le rugby pourrait servir d'exemple à certains sports où les décisions de l'arbitre sont sans arrêt contestées et où la personne même de l'arbitre est parfois menacée. Mais, bien que les faits soient rassurants, je dois avouer que, parfois, je redoute un retour à la loi naturelle et donc au désordre, notamment lorsqu'un arbitre sanctionne d'un carton jaune, ou rouge, un joueur qui le surpasse largement physiquement et qui manifestement est agressif, énervé ou méchant. Je me dis alors que l'ordre rugbystique est bien fragile et qu'il suffirait d'un rien, en l'occurrence d'un coup de folie, pour que tout bascule. Une telle réflexion peut paraître étonnante, car nous sommes tous habitués à des matchs qui se déroulent sans histoire ; mais ces analyses sur l'ordre qui règne dans le rugby nous font prendre conscience de la relative précarité de cet ordre ; le chaos reste menaçant : la preuve en est qu'il faut un règlement pointilleux et la ferme autorité d'un arbitre pour pouvoir jouer au rugby. Qu'arriverait-il en cas d'affaiblissement de cette autorité ? Le droit, bien évidemment, ne serait plus respecté, et on ne pourrait plus jouer à cause du désordre occasionné. On peut néanmoins se demander si le retour de la loi naturelle ne sécréterait pas, lui aussi, un ordre, celui du plus fort, et non un désordre ? On retrouve ici les profondes analyses de Bergson consacrées aux pseudo-idées qui seraient à l'origine de l'angoisse métaphysique. La thèse de Bergson est que le désordre n'existe pas, qu'il n'est qu'une idée exprimant « la déception d'un esprit qui trouve devant lui un ordre différent de celui dont il a besoin, ordre dont il n'a que faire pour le moment et qui, en ce sens, n'existe pas pour lui » (*L'Évolution créatrice*). Nous appelons donc désordre un ordre qui ne nous convient pas, que l'on n'attendait point, un autre ordre que celui escompté. Peut-être en va-t-il exactement de même ici : le désordre rugbystique, consécutif à l'affaiblissement de l'autorité de l'arbitre et du droit, ne serait finalement qu'un autre ordre, naturel celui-là, ordre que nous désapprouvons car nous jugeons injuste et absurde le droit naturel du plus fort.

L'ordre tactique

« […] considérer en général les individus comme appartenant à la catégorie des moyens. »

Hegel, *Leçons sur la philosophie de l'histoire.*

Tel est ce premier ordre que l'on trouve dans le rugby, un ordre qui est une sorte de cadre légal à l'intérieur duquel on va pouvoir jouer ; il passe par le droit et par l'autorité de l'arbitre. Cet ordre contrôle tout, et surveille les déplacements, les positions, les gestes, les placements des joueurs, mais aussi leur conduite : la constante est que l'arbitraire doit être étouffé. Sans cela, le désordre s'installe, et plus rien n'est possible. Cet ordre légal permet de jouer ; mais le jeu lui-même sera ordonné et ne sera pas laissé à la libre spontanéité des joueurs, ou si peu. L'ordre légal abrite donc un deuxième ordre, que l'on pourrait qualifier de tactique, insufflé cette fois par les entraîneurs. Si le premier permet, on l'a vu, de jouer, le second veut bannir le hasard, le désordre, et injecter dans le jeu une forte dose de rationalité qui sera à double tranchant : d'un côté, le jeu sera clarifié, ordonné ; il gagnera en lisibilité ; de l'autre, il entraînera une sorte de géométrisation du rugby qui rendra ce sport un peu trop prévisible.

Certaines règles, comme celle du hors-jeu, poussent déjà le rugby vers une telle géométrisation. On pourrait fort bien, en s'engageant dans la voie de l'abstraction, résumer le jeu à un système de lignes, qu'elles soient courbes ou droites, qui progressent ou qui reculent en fonction de la possession du ballon. Une équipe qui a le ballon doit aussitôt s'organiser en conséquence, en se positionnant derrière le ballon ou de part et d'autre de celui-ci, et avancer. De même, celle qui défend et qui, en principe, recule doit respecter un alignement de ce genre. Le tout pourrait donc être symbolisé par des lignes mobiles se déplaçant au gré de la possession du ballon. Les individus, c'est-à-dire les joueurs, sont les éléments de cette structure, de cet ordre ; ils doivent s'y intégrer : ils ne sont pas libres de se placer où ils veulent, et de se déplacer comme bon leur semble. Le jeu impose un ordre auquel il faut se plier.

Mais si ce sport est ordonné par les règles auxquelles il est soumis, il l'est aussi par l'ordre tactique établi par les entraîneurs. Jouer au rugby, ce n'est pas jouer n'importe comment ; une équipe va tenter d'appliquer sur le terrain, et au cours d'un match, la stratégie mise au point par l'entraîneur. Celui-ci a d'abord pensé un système de jeu que les rugbymen essaieront ensuite de mettre en pratique. Cette approche rationnelle du rugby consiste à bien connaître les forces et les faiblesses de son équipe, mais aussi celles des adversaires, et à préparer une tactique générale qui sera faite de combinaisons préparées à l'entraînement. Une équipe se présente donc sur un terrain avec un certain projet préalable qu'il va s'agir d'incarner au cours d'un match. Encore une fois, c'est un certain ordre, tactique celui-là, qu'il faut insuffler dans le jeu, et les joueurs s'insèrent dans un tel ordre, apportent leur participation, leur contribution, tout en laissant de côté l'arbitraire. Il ne s'agit pas, par conséquent, de faire confiance à l'instinct, ou à l'intuition des joueurs, mais d'obtenir d'eux qu'ils se soumettent, qu'ils obéissent à un ordre tactique voulu par un autre. Une nouvelle fois, les rugbymen s'exécutent : le rugby est un sport qui apprend à obéir.

Précarité de l'ordre

« Aucune chose ne demeure semblable à elle-même : tout passe, tout change et se transforme aux ordres de la nature. »

Lucrèce, *De la nature.*

Nous sommes ainsi en présence de deux ordres, l'un légal (celui du règlement), l'autre tactique (celui de la stratégie de l'entraîneur). On pourrait en ajouter un troisième qui, à vrai dire, serait plutôt le premier, car il est universel : je veux parler des lois scientifiques de la nature qui s'imposent à tous, et dont la violation est absolument impossible. Bien que n'étant pas spécifiques au rugby, leur nécessité les rend cependant incontournables. Ces trois ordres, que l'on pourrait représenter par des cercles concentriques, semblent bannir le chaos, la confusion. Pourtant, je n'irai pas jusqu'à dire que le rugby se caractérise essentiellement par l'ordre. Sur cette question, ma thèse sera plus nuancée : *il y a, dans le rugby, une antériorité logique et chronologique de l'ordre, mais une supériorité ontologique du désordre.* D'où : une précarité de l'ordre rugbystique et une tendance disons « naturelle » qui conduit ce sport vers le désordre. Il y a donc, d'abord, de l'ordre ; c'est une évidence. Mais l'ordre, dans le rugby, est le fruit d'une volonté humaine qui ne correspond pas fondamentalement à la pente naturelle des choses ; la preuve en est qu'il faut l'instituer. Cet ordre se dégrade sans cesse, ou menace de se dégrader. Le rugby lutte ainsi de toutes ses forces contre une restauration du désordre qui semble inéluctable, mais qui est néanmoins contrariée par la volonté des hommes. Il faut s'habituer à regarder le rugby sous cet angle, car l'essentiel, selon moi, est là : voilà un sport fasciné par l'ordre et qui tente de le rendre immanent au jeu. Mais cet ordre est fragile, car sans arrêt menacé par le retour du chaos, symbolisé par les réactions immédiates des joueurs, leur agressivité mais aussi leurs erreurs, et enfin l'arbitraire. Si bien que l'ordre, finalement, est plus transcendant qu'immanent : il parvient certes à s'incarner dans le jeu, mais la tendance profonde qui habite le rugby est celle qui le conduit vers le désordre. Il y a, dans ce sport, d'irréductibles facteurs de désordre principalement dus aux failles des individus qui le pratiquent. La réalité de l'ordre dissimule en fait sa faiblesse : l'ordre est moins fort que le désordre, car le second s'impose facilement : il n'y a qu'à lui céder, il suffit de se laisser aller, de s'abandonner au cours naturel des choses. Or l'ordre n'est pas la tendance naturelle des choses : il est, on l'a dit, institué, c'est-à-dire instauré, imposé, décidé ; il faut, pour qu'il soit, toute l'énergie, toute la volonté des hommes. Aussi l'ordre demande-t-il un effort, une vigilance, une surveillance de tous les instants. Peine perdue ? Non, car l'ordre l'emporte régulièrement, mais toujours provisoirement. Aucune victoire de l'ordre sur le désordre n'est définitive ; sans cesse, il faut recommencer. Pourquoi ? Parce que l'ordre n'aurait pas dû être. Encore une fois, la pente naturelle des choses mène vers le désordre, si bien que l'ordre, telle une falaise que les éléments érodent, doit en permanence être renforcé. Que l'on ne proteste donc plus contre les incessantes interventions de l'arbitre sous le prétexte qu'il hache le jeu : cet homme est le plus sûr rempart de l'ordre contre le désordre. Regardons-le plutôt tel un Sisyphe moderne essayant de contrarier l'ontologie : le fond des choses est désordre ; malgré cela, l'homme fait apparaître l'ordre, mais celui-ci ne sera jamais un état stable, permanent, définitif, car l'ordre ne correspond pas à l'être, c'est-à-dire à la réalité elle-même.

Le tournant rationaliste

« Deux excès : exclure la raison,
n'admettre que la raison. »

Pascal, *Pensées*, 253.

Cette tendance au désordre qui habite le rugby est tout à la fois une menace et une chance pour ce sport. Une menace, car, on l'a vu, le chaos ne permet pas de jouer, ce que favorise, au contraire, le respect des règles. Si bien que lorsqu'un arbitre siffle la fin d'une rencontre on peut éprouver un soulagement certain : l'ordre a gagné, le match est allé à son terme, le désordre, bien que menaçant, a une nouvelle fois été repoussé. Mais si l'instauration de l'ordre favorise le jeu, il peut aussi bien nuire à celui-ci en lui imposant des stéréotypes. La compréhension de pareille thèse nécessite, cependant, la distinction suivante : l'ordre qui permet de jouer au rugby est l'ordre légal, celui du règlement et de l'arbitre ; sans lui, rien ne serait possible. En revanche, l'ordre mis au point par les entraîneurs risque, paradoxalement, de livrer le jeu, pieds et poings liés, à la toute-puissante raison. En quoi est-ce paradoxal ?

À première vue, en effet, on ne peut que se réjouir qu'il y ait de la rationalité dans le rugby. Que l'on pense, avant de jouer, à la façon dont on va jouer fait plutôt l'honneur et la dignité du rugby, qui, tout en restant une affaire de gros bras et d'armoires à glace, s'adresse aussi à notre intelligence. Le philosophe pourra ainsi s'émerveiller de l'existence d'un tel sport où le corps, les muscles, la volonté, la force sont mis au service d'une réflexion préalable à la recherche de combinaisons, de tactiques, de stratégies : l'âme et le corps n'ont peut-être jamais été si proches, et le dualisme jamais aussi caduc. Mais la raison ou l'intelligence ne sauraient, à elles seules, définir l'âme. Il faut jouer au rugby avec toute son âme, et non avec la seule raison. Or, on peut craindre que l'intellectualisation grandissante du rugby étouffe le jeu sous un ordre rationnel constitué de schémas, de combinaisons ; les joueurs se contenteraient alors de suivre une partition qu'ils n'ont pas écrite, mais qu'ils ont bien apprise ; le jeu perdrait en fraîcheur, en spontanéité, en inspiration, en étant ainsi placé sous le totalitarisme de la raison. Mais ne suis-je pas en train d'exagérer ? Le rugby d'autrefois, qui misait tout sur la vaillance des joueurs, leur amour du maillot, et qui ne s'encombrait pas d'ordinateurs, de statistiques et de rationalité, existe encore, même si j'ai tendance à en parler au passé. Mais l'ère professionnelle a vu apparaître des joueurs, et surtout des entraîneurs, qui prennent le rugby au sérieux : c'en est fini du folklore, du rugby de terroir ; le rugby est en pleine mutation ; il y a, en amont du jeu, une extrême rationalisation de ce sport qui décortique tout, analyse tout, planifie les moindres détails ; bref, l'ordre est de plus en plus omniprésent, et la conséquence de cette révolution est ambiguë : le jeu est ordonné, clarifié, rationnel, mais quelque chose a été perdu, ou est en voie de l'être. Quel est ce quelque chose ? J'ai déjà parlé de spontanéité, d'instinct, d'intuition ; mais il y a également la créativité et la liberté. En entrant dans l'ère de la raison, le rugby a fait un grand pas vers l'ordre ; mais c'est la possibilité de jouer librement qui, du coup, est menacée.

Le charme de l'intuition

« En fait, dans l'humanité dont nous faisons partie, l'intuition est à peu près complètement sacrifiée à l'intelligence. »

Henri Bergson, *L'Évolution créatrice.*

Trop de rationalité et donc trop d'ordre vont nuire au jeu en l'enfermant dans des schémas *a priori* qui, certes, vont rassembler l'équipe autour d'une tactique, mais en interdisant les éclairs de génie. Les « éclairs »..., le mot dit bien que ce qui est perdu est la soudaine inspiration, remplacée par de laborieux raisonnements. C'est, encore une fois, une question de temps : mais cette fois la médiation du temps s'avère dommageable, car tout manquera de fraîcheur, tout aura été planifié, préparé, et laissera éventuellement une impression de travail qui, jamais, ne pourra rivaliser avec l'intuition géniale. L'ordre tactique se déploie, bien évidemment, dans les trois dimensions de l'espace, mais aussi dans le temps : je veux dire par là que l'exécution d'une combinaison réclame du temps, et ce temps se contente ici de dérouler, de déplier sans surprise, de façon mécanique, un schéma maintes fois répété à l'entraînement. Le temps n'est donc pas ici créateur, il ne fait pas surgir quelque chose de nouveau et d'absolument inattendu, si ce n'est pour les adversaires et le public. En revanche, s'abandonner à l'intuition, jouer instinctivement, c'est s'extirper du temps et décider dans l'instant de ce que l'on va faire : ici, tout le monde est surpris, et de l'inédit naît sous nos yeux ravis. Mais celui qui, tout à coup, se met à jouer instinctivement prend le risque de s'isoler de son équipe en sortant de l'ordre tactique établi ; il sème le trouble dans tous les esprits : adversaires, public, partenaires sont décontenancés par l'irruption irrationnelle de l'intuition ; personne ne s'attendait à cette soudaine affirmation de la singularité. Généralement, il n'a pas droit à l'erreur, car il est seul, ses coéquipiers n'ayant pas eu le temps de s'organiser autour de lui. Mais c'est de lui que peut venir le danger, c'est lui qui, en créant une situation inédite, donne du mouvement au jeu, crée des espaces, des brèches, et prend en défaut les calculs de la froide raison. C'est peut-être ainsi, d'ailleurs, que l'on joue le mieux, quand l'instinct a provisoirement pris les commandes du corps, car tout est alors rendu plus facile, plus soudain, plus rapide, grâce au contournement de la raison et du temps. Ajoutons que tout est peut-être plus beau, ou disons plus gracieux, car l'austère raison qui se traîne dans le temps risque de mécaniser les mouvements du corps. L'inconvénient est que l'on se retrouve seul, même si cette solitude et cet isolement ne vont peut-être durer que quelques secondes. Mais l'avantage est qu'en contournant la raison et le temps on s'éloigne aussi de la conscience, qui, bien souvent, paralyse, pétrifie le joueur en le mettant sous pression. C'est alors que l'on commet ces fautes de mains toutes bêtes, dues la plupart du temps à une hyperconscience qui submerge le joueur.

En somme, la raison produit un ordre qui structure le jeu, mais en sacrifiant la spontanéité individuelle : le joueur n'est plus alors que l'élément d'une organisation, et il se plie à la logique de l'ensemble. Mais il faut jouer au rugby avec toute son âme, c'est-à-dire en évitant de se focaliser sur la seule raison ; il convient de réhabiliter d'autres puissances mentales, comme l'intuition, l'inspiration, le génie, voire la folie, qui seront des facteurs de désordre ; leur irruption peut apporter beaucoup au rugby : ces puissances permettront à l'individu de s'exprimer, c'est-à-dire de manifester à nouveau son irréductible originalité ; et le jeu lui-même y gagnera en fraîcheur, en créativité, en nouveauté. Mais, tel un funambule, le joueur qui suit son instinct (par exemple un arrière qui relance de son en-but) n'a pas vraiment droit à l'erreur ; il est sur le fil du rasoir et sa prise de risques doit immédiatement être compensée par une adaptation rapide de son équipe à son initiative. Mais les grandes et belles actions sont à ce prix. Enfin, on peut se demander si s'abandonner à l'intuition peut vraiment faire l'objet d'un choix, c'est-à-dire : est-ce la raison qui va elle-même décider de son retrait et laisser la place à l'intuition ? Est-ce vraiment ainsi que les choses se passent ? Probablement pas ; si c'était le cas, il y aurait encore trop de rationalité, trop de temps, trop de conscience dans les actes du joueur. Je dois confesser que l'irruption de l'irrationnel a quelque chose de mystérieux, d'imprévisible et de soudain.

La spontanéité individuelle

« La liberté individuelle, je le répète,
voilà la véritable liberté moderne. »

Benjamin Constant,
De la liberté des Anciens comparée à celle des Modernes.

Le rugby moderne est de plus en plus rationnel, et le jeu proposé est de moins en moins surprenant. Il s'agit essentiellement de multiplier les percussions, tout en conservant la balle, jusqu'à ce qu'un décalage apparaisse. L'esprit d'offensive a, me semble-t-il, régressé ; avant, les joueurs prenaient plus de risques ; en revanche, les défenses sont de plus en plus féroces et imperméables. D'où peut jaillir l'étincelle ? De certains joueurs qui oseront prendre une initiative individuelle et qui introduiront ainsi un peu de désordre dans une rencontre où les deux équipes risquent de se neutraliser. Ces joueurs, généralement, portent le numéro 10, le numéro 9, le numéro 15 ou font partie de la ligne des trois-quarts ; les avants peuvent également déclencher une phase de jeu inattendue en sortant de leur registre habituel. L'essentiel est donc qu'à un certain moment quelqu'un soit capable de s'arracher des schémas de jeu trop rigides et crée une brèche par sa spontanéité. Pour autant, il ne s'agira pas de faire n'importe quoi, et c'est la raison qui sera chargée d'encadrer, de surveiller l'éclair de génie d'un seul ; cette raison doit pouvoir être aussitôt mobilisée de manière à relayer l'intuition soudaine ; je veux dire par là qu'un instant de désordre doit immédiatement être suivi par la reconstitution d'un nouvel ordre qui s'adapte à la situation nouvelle. Les théoriciens du rugby des années 80 (Villepreux, me semble-t-il) résumaient cette idée en une formule célèbre : il faut organiser le désordre. La formule est bonne pourvu que l'on respecte la chronologie suivante : d'abord, insuffler du désordre dans le jeu grâce à l'initiative d'individus capables de s'affranchir du carcan rationnel ; ensuite, remobiliser l'équipe autour d'une organisation chargée d'exploiter au mieux l'irruption du désordre. Quelqu'un doit donc prendre, à un moment ou à un autre, le risque de se laisser guider par son intuition ; sans cela, le jeu sera cadenassé par l'ordre de la raison. C'est principalement le numéro 10 qui, en principe, assume ce rôle de trublion ; aussi, un numéro 10 qui ne fait que des passes, certes très belles et limpides, n'a pas compris ce que l'on attend de lui. Mais justement, l'ouvreur d'une équipe est très attendu dans ce registre subversif ; aussi est-il capital que d'autres joueurs puissent se lancer, eux aussi, dans des assauts irrationnels. Peu importe, après tout, d'où viendra la prise de risques ; l'essentiel, encore une fois, est d'injecter un peu de désordre dans l'ordre rugbystique.

Nécessité du désordre

« Un jeu admirablement construit [...]. Il propose des schémas, mais suscite l'impromptu. »

Jacques Goddet, *L'Équipée belle.*

On le voit, dans un sport fasciné par l'ordre (qu'il soit légal ou tactique), le salut ne peut venir que de l'irruption instantanée du désordre. Cette irruption aura pour principale cause l'initiative de certains joueurs qui se laisseront guider par leur intuition et qui délaisseront provisoirement les calculs de la raison. D'autres facteurs de désordre pourront intervenir dans un match de rugby et perturber l'organisation mise en place. Ces facteurs ont en commun de ne plus être contrôlés par les joueurs eux-mêmes : il y a tout d'abord les erreurs individuelles et, notamment, les en-avant, qui s'expliquent tout autant par le stress dû à l'hyperconscience que par la maladresse pure. Ces erreurs sont à l'origine de situations dangereuses, notamment lorsque l'arbitre a laissé l'action se poursuivre parce que le ballon a été récupéré par l'équipe adverse. Celle qui possédait la balle s'était organisée en conséquence, mais cette erreur individuelle a introduit un désordre involontaire qui risque de lui coûter cher. Au moment où j'écris ces lignes, le samedi 21 février 2004, un joueur de l'équipe de France vient de pénétrer ballon en main dans l'en-but italien ; aucun adversaire ne le menace, d'où sa décontraction. Au lieu d'aplatir immédiatement derrière la ligne, il poursuit sa course à l'extrême limite du terrain ; il n'a plus qu'une seule main sur le ballon. Sa décontraction est maintenant de la désinvolture ; c'est alors que se produit l'incroyable maladresse : le ballon touche l'un de ses genoux et échappe au joueur, qui commet un en-avant aussi inattendu que ridicule. Fort heureusement, le XV de France affronte une équipe d'Italie venue surtout pour défendre et pour encaisser le moins de points possible. Mais contre une équipe d'un tout autre calibre, une telle bévue peut renverser le cours d'un match.

Parmi les autres facteurs de désordre, on pourrait évoquer les conditions météorologiques, capables de changer la face d'un match. Un entraîneur pensait avoir tout prévu, tout organisé, tout planifié ; mais des rafales de vent ou un ballon rendu glissant par la pluie peuvent perturber complètement une équipe, qui devra alors s'adapter rapidement aux conditions qui lui sont proposées par les éléments. Le récent Angleterre-France en demi-finale de la Coupe du monde 2003 est, à ce titre, un bon exemple : le succès du XV de la rose s'explique, sur ce match, par sa capacité à adapter son jeu au temps qu'il fit ce jour-là, en privilégiant notamment le jeu au pied et l'occupation du terrain. C'est en vain que les Français tentèrent de jouer, car ils multiplièrent les fautes de main.

Enfin, parmi les facteurs de désordre, comment ne pas évoquer la forme du ballon de rugby ? Certes, la forme ovoïde fait que l'on se saisit peut-être plus facilement de la balle ; de plus, celle-ci fuse littéralement dans l'air, ce qui constitue un autre avantage. Mais les rebonds occasionnés sont si déroutants qu'ils entraînent un désordre surprenant qui fait le charme du rugby. Il est d'ailleurs amusant de contempler le désarroi des armoires à glace de ce sport lorsqu'elles essaient d'attraper un ballon qui semble, par ses rebonds capricieux, se moquer d'elles. Aussi les experts du rugby recommandent-ils de tout faire pour se saisir de la balle avant qu'elle ne rebondisse, fût-ce au prix d'une acrobatie, car la laisser toucher le sol revient à s'abandonner au hasard, au désordre, avec les risques que cela comporte. Le récent Écosse-Angleterre du tournoi des Six Nations 2004 illustre cette idée : les essais anglais ont été marqués à la faveur de rebonds qui ont dérouté les Écossais, ou bien grâce aux erreurs individuelles de ces derniers. Sans ces deux facteurs de désordre, les équipes se seraient plus ou moins neutralisées, car leur organisation défensive était rationnelle : le score aurait évolué au rythme des pénalités.

Ces quatre causes, et d'autres encore, injectent une dose salutaire de désordre dans le jeu ; sans elles, le rugby serait trop rationnel, trop prévisible, et se résumerait à une opposition principalement physique. Mais on a vu que l'individu, qui, le plus souvent, n'est qu'un élément de l'ordre tactique, parvient à se manifester à nouveau, soit volontairement par ses initiatives, soit involontairement par ses erreurs : régulièrement, il perce sous la chape rationnelle qui veut le réduire à un simple rôle d'exécutant. Il faut donc du désordre, de même qu'il faut de l'ordre. Ce désordre, s'il ne provient pas des individus eux-mêmes, naîtra peut-être des conditions météorologiques proposées ce jour-là. Aussi faut-il redouter que les stades couverts ne se généralisent : certains pourraient s'en réjouir, car cela reviendrait, selon eux, à éliminer des éléments comme la pluie, le vent, le soleil, la boue, etc., regardés comme autant d'impuretés qui perturbent inutilement le jeu. C'est précisément la raison pour laquelle la science n'expérimente qu'en laboratoire : pour retrouver des conditions idéales. Mais le rugby ne doit pas devenir une science exacte, et les stades doivent rester des arènes sportives soumises aux aléas climatiques et non un laboratoire aseptisé. On peut enfin compter sur la forme ovoïde du ballon pour semer un peu de pagaille dans un match de rugby : ses rebonds imprévisibles constituent l'un des principaux attraits du rugby. Certes, ces rebonds ne sont pas vraiment hasardeux ; eux aussi font partie d'un ordre, celui des lois scientifiques de la nature. En cela, ils obéissent au déterminisme, ce qui, en principe, les rend calculables. Mais l'ignorance de ces lois équivaut, en fait, pour le joueur, à un phénomène disons « subjectivement » imprévisible. On pourrait le comparer au *clinamen* épicurien, c'est-à-dire à la déclinaison imprévisible des atomes dans la physique d'Épicure. Or on sait que sans cette déclinaison rien ne serait possible : il n'y aurait notamment ni corps composés, ni actes libres. Dans un match de rugby, il en va un peu de même : si le ballon n'avait pas cette forme, si ses rebonds n'étaient pas aussi déroutants, la conscience des joueurs et des spectateurs ne serait pas continuellement inquiète, c'est-à-dire tendue vers ce qui va arriver : où et comment le ballon va-t-il rebondir ? Cette incertitude est pour beaucoup dans la séduction opérée par le rugby. Les pères fondateurs de ce sport ont donc eu l'idée géniale d'imposer un ballon dont la forme est un facteur de désordre ; les amoureux de ce sport sont donc contraints de composer avec un désordre qu'ils ne pourront jamais abolir.

Un et multiple : le rugby et l'épreuve de la solitude

« Je ne suis plus que mon équipe. »
Michel Serres, « Le culte du ballon ovale »,
Le Monde, 4 mars 1979.

Si le rugby a besoin de facteurs de désordre pour introduire un peu d'imprévu dans un jeu qui est de plus en plus rationnel, ce sport reste cependant caractérisé principalement par l'ordre, qu'il soit légal ou tactique. Cette passion pour l'ordre entraîne un statut pour l'individu : on attend du joueur qu'il se soumette, qu'il obéisse, qu'il intègre une organisation dont il ne sera qu'un maillon, qu'un élément. Le rugby me paraît aller plus loin que les autres sports dans cette direction. Mais sa spécificité ne se limite pas à cette seule particularité ; il me semble que le rugby, outre sa fascination pour l'ordre, poursuit un idéal de fusion des joueurs dans leur équipe, et aucun autre sport ne peut rivaliser avec lui sur ce plan-là. D'autres sports collectifs caressent sans doute ce rêve de l'unité ; mais le rugby, encore une fois, ne s'arrête pas à mi-chemin : c'est un sport excessif à bien des égards, car il explore des domaines en ayant le souci d'aller au fond des choses. Il va donc nous proposer un statut à peu près inédit pour la singularité, et placer le collectif au sommet de son échelle des valeurs : là où les autres sports demandent, et obtiennent parfois, que l'intérêt particulier fasse taire ses ambitions et se mette au service de l'intérêt général, le rugby exige et obtient toujours le sacrifice de l'individu et son absorption par le groupe. Ce sport a donc un problème avec la singularité ; après avoir parlé de sa passion pour l'ordre, il faut à présent se pencher sur sa passion pour l'un, c'est-à-dire pour l'unité.

Le rugbyman et le footballeur

« Il faut n'aimer que Dieu et ne haïr que soi. »

Pascal, *Pensées*, 476.

J'ai toujours été étonné par certaines attitudes des rugbymen ; celle-ci, en particulier, m'intéresse au plus haut point : quand un joueur marque un essai, sa réaction est d'une incroyable sobriété et contraste avec l'exubérance du footballeur qui a propulsé le ballon au fond des filets. Ces deux attitudes, diamétralement opposées, me paraissent suspectes : de même que le footballeur en fait trop, oubliant la contribution de ses partenaires et surtout l'offrande que fut la passe décisive, le rugbyman en rajoute dans l'humilité, dans la modestie, et là où le footballeur fait tout pour s'extirper de son équipe, en se lançant souvent dans une course folle qui a vraisemblablement pour but de semer ses coéquipiers, le rugbyman réintègre sagement et rapidement les rangs de son équipe, parfois tête basse, presque gêné d'avoir été, momentanément, sous le feu des projecteurs. Le narcissisme du footballeur est ainsi aux antipodes de l'effacement du rugbyman : alors que les adeptes du ballon rond estiment au plus haut point les exploits individuels, les amoureux du ballon ovale me semblent surtout sensibles aux contributions aussi efficaces que discrètes, voire même obscures, de ceux qui s'effacent au profit de leur équipe. Mais pourquoi l'attitude du rugbyman marqueur d'essai serait-elle suspecte ? Après tout, il en va de même, à première vue, d'autres sports collectifs comme le basket, le handball ou le volley : aucune effusion excessive de joie. Mais ces trois sports ne sont pas tout à fait comparables au rugby, car les points qu'on y marque sont si nombreux qu'il y a, forcément, une forme de banalisation de l'évolution du score. En revanche, marquer un essai est toujours un petit événement ; après tout, il y a bien des matchs sans le moindre essai marqué, et la difficulté qu'il y a à en inscrire un mériterait peut-être d'être célébrée dans la joie. Sans doute cette joie est-elle bel et bien présente, et ressentie par le joueur, mais ce qui compte est cette pudeur, cette retenue du rugbyman qui détonne par rapport aux démonstrations de joie du footballeur. Que faut-il en conclure ?

Que le rugby est un sport qui convient aux modestes, tandis que les narcissiques prétentieux devront plutôt se tourner vers le football ? Ou même, si l'on conçoit le sport comme une thérapie, faut-il que les vaniteux fassent du rugby et que les réservés choisissent le football ? Peut-être, après tout ; mais l'essentiel est ailleurs, notamment dans cette tendance qui conduit le rugbyman à se fondre dans un groupe, de même que les avants disparaissent dans les mêlées au point d'y perdre leur identité. Pourquoi, par exemple, les joueurs interrogés par des journalistes ne parlent-ils jamais d'eux-mêmes, ou si peu ? Pourquoi cette réticence ? Qu'y a-t-il derrière cette incessante célébration de l'équipe, du collectif, et cette éclipse du moi ? Pourquoi un rugbyman ne dit-il pas « moi, je… » ? Pourquoi les termes « abnégation », « sacrifice », reviennent-ils aussi souvent dans le discours mystique des entraîneurs ?

Le désir d'unité

« […] au lieu de deux n'être qu'un seul. »

Platon, *Le Banquet.*

Tout commence avec le multiple. Par ce mot, je désigne tout simplement les joueurs, les individus, en tant qu'ils sont des êtres singuliers, c'est-à-dire tous différents, bien que certains soient semblables sans être identiques (après tout, rien ne ressemble plus à un pilier qu'un autre pilier…). Ce multiple est premier ; il est ce sur quoi il va falloir travailler pour constituer *une* équipe. Une équipe, justement, n'est jamais donnée, mais toujours à faire, et l'hétérogénéité du multiple est à la fois le matériau de base et l'obstacle à franchir. Le rugby est un sport collectif dans lequel des équipes, et non des individus, s'affrontent. Le problème est le suivant : comment fabrique-t-on une équipe avec des individus qui sont tous singuliers, ou, autrement dit, comment fait-on de l'un avec du multiple ? Le mot « un » désigne donc ici l'équipe, le groupe, le collectif ; reste à déterminer s'il est synonyme d'union ou d'unité ?

De toute évidence, une équipe de rugby est l'union de joueurs différents. Mais cette différence irréductible entraîne une hétérogénéité dont ce sport ne se satisfera jamais. C'est pourquoi on peut ajouter que l'unité, bien qu'elle soit utopique, inaccessible, est ardemment désirée. Cet échec de l'unité est dû au fait que la singularité, forcément, résiste, et ne peut être abolie. Le rugby devra donc en rester au stade de l'union. Malgré tout, ce sport rêve de l'unité et ne peut se consoler de ne pouvoir faire fusionner les joueurs. Dans ces conditions, ce désir d'unité qui, certes, est frustré me paraît plus fondamental que cette union qui, pourtant, est réalisée. On peut d'ailleurs s'en étonner, car que serait le rugby sans les initiatives de solistes géniaux, sans ces fortes têtes qui sont facteurs de désordre, et donc de jeu, dans un match ? Le spectacle, sans eux, serait bien terne. Ce sport a donc besoin d'individus qui expriment leur personnalité, qui manifestent leur singularité, tout autant que d'anonymes prêts à se sacrifier. Mais je maintiens, néanmoins, que le rugby poursuit un idéal de fusion du multiple de manière à donner naissance à une équipe ; aussi les joueurs veulent-ils fondamentalement se fondre dans l'un, et non être responsables de sa fission. Comment, à présent, tendre vers l'un ? La réponse est : en fusionnant. Mais comment faire ?

Chasser l'espace

« L'exigence d'espace ne cesse de croître en fonction inverse de sa disponibilité. »

Edward T. Hall, *La Dimension cachée.*

Ce sport a fait en sorte que l'on se touche beaucoup entre partenaires, que l'on se regroupe souvent, que l'on se serre les uns contre les autres et que l'on soit rarement seul : l'espace, en tant qu'il sépare les corps, est donc ce qu'il faut annuler. Les avants, en particulier, se rassemblent dès que possible : outre les mêlées, qu'ils ne choisissent pas vraiment, ils constituent très fréquemment un maul, une « tortue », une « cocotte », c'est-à-dire qu'ils s'unissent pour un exercice qui n'a pas vraiment d'équivalent dans les autres sports et qui consiste à faire de l'un avec du multiple. Les joueurs d'une même équipe vont alors se blottir les uns contre les autres de manière à constituer un bloc compact qui doit soit avancer (c'est le fameux groupé pénétrant), soit contrer la progression adverse. Jamais humains n'ont été aussi proches, si ce n'est à l'occasion de l'étreinte sexuelle. D'ailleurs, qu'en penser ? Cette conduite a-t-elle une dimension sexuelle ? Plus loin, nous verrons que d'autres interprétations sont possibles, et qu'une lecture uniquement sexuelle du rugby aurait quelque chose d'excessif. Le jeu a donc lui-même prévu que les corps devront se toucher, se serrer, s'enlacer, pour tenter de fusionner ; il s'agit, bien évidemment, du corps du partenaire ; cette tendance atteint peut-être son paroxysme à l'occasion des mêlées fermées : huit joueurs d'une même équipe vont essayer de viser cette unité impossible mais tant désirée en se prenant par les épaules, en mettant leur tête entre les jambes de leurs partenaires, en attrapant leur short de telle façon que l'avant-bras exerce une pression sur les parties génitales. Le but est certes de fournir un effort collectif pour gagner le ballon, mais le moyen d'y parvenir consiste à s'enfouir de telle sorte qu'on ne voie quasiment plus de tête, de visage, c'est-à-dire ce qui fait l'identité individuelle. Seul existe ce bloc qui a comme avalé les joueurs, ceux-ci ayant dissous leur singularité dans cette structure. Le corps adverse aura droit, apparemment, à un tout autre traitement : à première vue, il s'agit de l'attraper, de l'immobiliser, de le repousser, voire de lui faire mal ; mais si certains plaquages sont « désintégrants », et donc dangereux, d'autres enlacent le corps et s'attardent sur lui, quand il est au sol, sans agressivité. Pour troublante que soit cette dernière conduite, elle ne doit pas nous faire perdre de vue que c'est avec ses partenaires que l'on souhaite fusionner.

Cette mystique de l'équipe obsède littéralement les joueurs ; ne la limitons pas à certaines phases de jeu où ils chassent l'espace entre eux. Avant le début de la rencontre, que ce soit dans les vestiaires ou même sur le terrain, les joueurs aiment se rassembler une dernière fois avant d'aller au combat. Ce sont des moments très forts, car à la proximité des corps s'ajoute le partage d'une émotion intense qui va achever de souder le groupe. Aussi n'est-il pas étonnant que certains craquent un peu et se mettent à pleurer. Ils peuvent alors compter sur le réconfort de leurs partenaires, réconfort qui se traduira par une énième accolade.

Alors que tout individu, dans une situation normale, s'arrange pour maintenir entre lui et les autres une certaine distance qui, tout en favorisant les relations, permet de ne pas se sentir oppressé, le rugbyman investit facilement et fréquemment la sphère de la distance intime dont a parlé l'anthropologue américain Edward T. Hall (dans son livre *La Dimension cachée*). Il y a donc généralement peu d'espace entre les rugbymen, car ils poursuivent un idéal de fusion qui les pousse à se rapprocher et à dépasser le seuil où commence, pour nous, le domaine intime.

Signalons enfin que cette traque de l'espace, de cet intervalle qui les sépare, peut se poursuivre loin des terrains, si bien qu'une explication purement technique de cette conduite s'avère fatalement insuffisante. On pourrait en effet penser que c'est le jeu lui-même qui commande une telle proximité, et qu'il n'y a pas lieu de supposer que les joueurs sont effectivement habités par le désir de fusionner. Mais, sous la douche bienfaisante, certains continuent à toucher leurs partenaires, voire à les caresser, les masser, à s'aventurer dans des régions qui, en principe, sont intimes ; à les entendre, ces simulacres de comportements homosexuels dans un milieu qui, on l'a dit, prétend incarner les véritables valeurs de la masculinité virile, ne sont que purs amusements, pures gamineries. Mais le fait est que nombre de rugbymen se sentent de plus en plus à l'aise dans le milieu gay : il leur arrive de fréquenter les mêmes endroits, et si on leur demande pourquoi, ils répondent : pour la qualité de l'ambiance, pour le sens de la fête. De même, il est particulièrement troublant de les voir poser pour des calendriers et adopter des poses suggestives qui, certes, affoleront nombre de femmes, mais feront également d'eux des icônes de la communauté gay. Pour finir, remarquons tout simplement que les rugbymen adorent être ensemble, sortir ensemble, et tout se passe comme s'ils étaient habités par une tendance centripète qui les ramène vers l'équipe ; d'où, une nouvelle fois, ces effusions d'amitié virile, ces accolades, ces embrassades, tout cela rendant le milieu rugbystique difficile à pénétrer pour le profane. En somme, cet idéal de fusion qui semble caractériser le rugbyman, et qui le pousse à réduire l'espace entre lui et ses partenaires, n'obéit pas, à mon avis, à un simple impératif technique que l'on justifierait ainsi : souder un bloc de joueurs, le rendre compact, afin de mieux contrer l'équipe adverse et de progresser ; il y a autre chose, si bien que ce désir de fusionner constitue pour eux une sorte de façon de vivre qui, parfois, les conduit à flirter avec l'homosexualité. Le rugbyman adore cela : flirter avec les limites, s'approcher le plus possible du seuil ultime pour finalement reculer. Quelles sont à présent les conséquences de ce désir de fusionner ?

La dissolution du sujet

> « L'esprit indien, c'est rêver et se volatiliser,
> et dans l'abandon du moi se désagréger. »
>
> Hegel, *Leçons sur la philosophie de l'histoire.*

La fusion du multiple dans l'un donne naissance à *un* groupe. L'individu n'est plus l'essentiel ici, car c'est l'équipe qui devient la valeur suprême. Le joueur se met au service du collectif, se mélange aux autres, ou mieux : se dissout dans le groupe. C'est d'ailleurs un tel sacrifice qu'exigent les entraîneurs quand leurs discours abordent le thème de l'abnégation ; sait-on vraiment ce que signifie ce terme, et ce qu'il implique ? Faire preuve d'abnégation, c'est renoncer à soi, c'est se sacrifier, c'est être immolé sur l'autel mystique de l'équipe. Voilà ce que les entraîneurs demandent à leurs joueurs : la dissolution de leur singularité dans le tout collectif. Pareil credo a un prix : l'anonymat relatif des joueurs, qui, au lieu de jouer pour s'exprimer, c'est-à-dire pour manifester leur personnalité, vont devoir se fondre dans un ensemble qui va les absorber. Il y a quelque chose d'oriental dans cette démarche, dans ce désir de dissoudre le moi, comme si le sujet n'était qu'illusion et l'équipe la seule substance : dans le bouddhisme, cette attitude est une doctrine dont le nom est « *Anatta* » ; le moi n'y a aucune réalité, il faut s'en débarrasser, s'habituer à penser qu'il n'y a ni sujet, ni moi, ni je derrière nos actions, nos paroles, nos pensées.

Fusion et fission

« L'individu n'est rien, il est moins que rien. »

Schopenhauer,
Le Monde comme volonté et comme représentation.

Si ce que l'on recherche est la fusion, l'obstacle à franchir est donc celui de la singularité ; c'est elle qu'il faut surmonter, car la singularité favorise davantage la fission que la fusion. En ce sens, elle s'avère nuisible par la persistance de l'hétérogénéité dans un sport qui nous semble tendre vers l'homogénéité de l'un. Mais si elle nuit au groupe, elle profite sans aucun doute à l'individu, qui pourra manifester l'irréductible originalité de sa personnalité. Si la fusion conduit à l'anonymat, la fission favorise l'expression. Chaque joueur devrait donc se poser sérieusement la question suivante : qu'attend-il au juste du rugby ? L'occasion de briller individuellement, ou bien la dissolution anonyme de son moi ? Alors que la fusion a quelque chose d'oriental, on peut dire que la fission reste occidentale, ou encore cartésienne : ici le moi affirme son existence, pose comme principe qu'il existe un sujet et qu'il n'y a pas à fomenter l'absorption, l'engloutissement de celui-ci. Ce type de joueur porte principalement le numéro 10 ou le numéro 15 ; le rugby a besoin d'eux, car ce sport doit compter dans ses rangs des individus capables d'êtres facteurs de désordre par leurs intuitions, leurs raids, leurs relances, leurs solos. Il existe pourtant certains demis d'ouverture dont le jeu est relativement impersonnel : ils se contentent de faire des passes, de retrouver leurs avants ou de taper des coups de pied de déplacement sans vraiment chercher à s'exprimer : malgré le numéro qu'ils portent dans le dos, ils veulent davantage la fusion que la fission.

Solitude des lignes arrières

« Quand nous sommes seuls longtemps,
nous peuplons le vide de fantôme. »

Guy de Maupassant, *Le Horla*.

Malgré ce dernier cas, et d'autres que l'on va invoquer, il me faut reconnaître que ce désir de fusion concerne principalement les avants. Les joueurs des lignes arrières sont, quant à eux, condamnés à une errance solitaire dont il faut souligner l'ambivalence : d'un côté, ils peuvent briller, bien plus que les avants, et donc s'exprimer ; mais ils sont seuls. Leurs coups d'éclat, leurs attaques, leurs tentatives de débordement ont un prix : la solitude. Aussi interviennent-ils parfois pour pousser dans une mêlée ouverte, notamment lorsque la ligne d'essai n'est plus très loin ; cette conduite est selon moi capitale : elle signale une nostalgie de l'un. L'avant est beaucoup plus anonyme ; mais au moins il n'est pas seul ; l'arrière, l'ailier, le numéro 10 parviennent à s'exprimer, mais ils restent seuls. Ce point me semble essentiel : les joueurs des lignes arrières sont confrontés à des instants de solitude qui contrastent avec la condition des avants. Le mot « instant » n'est d'ailleurs pas très judicieux, car l'instant, comme l'éternité, ne dure pas, mais a un début et une fin ; or je crois que les joueurs en question sont toujours seuls. Mais il y a des moments où cette solitude est ressentie plus intensément : notamment lorsqu'ils sont loin de l'action et cantonnés dans un rôle de spectateurs ; ou bien lorsqu'ils se préparent à réceptionner une chandelle sous la pression de l'équipe adverse.

L'excès de conscience du buteur

« Je voudrais tant me laisser aller, m'oublier, dormir. Mais je ne peux pas, je suffoque : l'existence me pénètre de partout, par les yeux, par le nez, par la bouche… »

Jean-Paul Sartre, *La Nausée.*

Le paroxysme de la solitude est atteint quand il s'agit de buter. Rien n'est plus difficile que cet exercice qui exige, par conséquent, une préparation psychologique spécifique. Pourquoi ? Simplement parce que le buteur est seul ; le jeu est suspendu à sa tentative, tous les regards sont tournés vers lui : tout ramène le buteur vers son moi. Une nouvelle fois, la conscience de soi apparaît comme un fardeau qui, tel le regard de Méduse, pétrifie le buteur. Cet exercice lui offre certes l'occasion de briller, mais reste fondamentalement une épreuve. Aussi n'est-il pas rare que certains buteurs traversent de véritables crises de confiance les conduisant tout près de la dépression. Pourquoi ? Parce qu'on n'est jamais aussi seul que lorsqu'on bute, et il faut être capable de se focaliser sur le coup de pied, en faisant abstraction de tout le reste. L'exercice est donc à la fois difficile et fascinant : toutes les conditions sont réunies pour une irruption de la conscience de soi, et il faut pourtant repousser celle-ci et se concentrer uniquement sur le geste à effectuer. Certains numéro 10 renoncent à buter, alors même que cette fonction leur revient de droit : ils ne supportent pas la pression de la conscience de soi. Que faire dans ces conditions ? La tentation est grande d'abréger cet exercice et de taper le plus rapidement possible, car l'attente laisse à la conscience de soi le temps d'envahir le joueur. Mais, paradoxalement, la solution est peut-être d'utiliser le temps pour amener la conscience à se focaliser sur le geste à effectuer, la trajectoire du ballon, ou bien encore la direction et la force du vent. Ceux que cet exercice tétanise sont trop conscients d'eux-mêmes ; aussi précipitent-ils leur coup de pied pour abréger leur souffrance ; mais les grands buteurs savent, au contraire, prendre leur temps, et font preuve d'une indifférence fascinante à l'égard de la pression : ils sont tout entiers absorbés par l'exercice, leur conscience n'a plus qu'un seul objectif, réussir ce coup de pied. Un bon buteur est avant tout, bien entendu, doté d'indéniables qualités techniques ; mais il a également besoin d'une solidité psychologique qui lui permettra de résister à l'extrême tension de l'instant. C'est généralement à ce dernier niveau que se situe le problème, en l'occurrence le talon d'Achille des buteurs. Il s'agit donc de faire le vide et d'atteindre cette indifférence que certains sages de l'Antiquité ont pu viser. La difficulté est grande, car la conscience a tendance, à ce moment précis, à s'affoler et à passer fébrilement d'un état à un autre, alors qu'il faut, tout au contraire, s'abîmer dans la concentration et, pour cela, prendre tout son temps. Facile à dire, évidemment…

Ne plus être seul

« Il n'est pas bon que l'homme soit seul. »

Genèse (2-18).

Ce sentiment de solitude qui peut envahir le joueur et qui s'ajoute à l'isolement effectif de celui qui est chargé de convertir en points les pénalités et les transformations n'est pas sans rapport avec le désir de fusion. Le buteur désigné est temporairement extrait d'un groupe qu'il s'empresse, d'ailleurs, de rejoindre dès que l'exercice est terminé : l'action même de buter contrarie, par conséquent, cette propension à se fondre dans l'un. Aussi est-il possible d'interpréter cette fusion désirée par la peur de la solitude, et le rugby serait ainsi la tentative de conjurer celle-ci ; peut-être y a-t-il derrière cette traque de l'espace, derrière cette promiscuité exacerbée et cette relative absence d'intimité, l'effort inconscient de dépasser la solitude de l'individu en le mélangeant dans une équipe. Substituer une conscience collective, celle d'un groupe pratiquant le même sport, à la conscience de soi vécue comme une blessure personnelle constitue une lecture possible de ce désir de fusion qui habite le rugby. Si, en effet, c'est le sentiment de solitude qu'il s'agit de dépasser, alors c'est au moyen d'un travail sur la conscience qu'on y parviendra. C'est, si l'on veut, une forme de divertissement au sens que Pascal a donné à ce terme, c'est-à-dire une façon de se détourner de soi et de ne plus penser à son existence, à ses misères, à sa finitude. Dans la vie, on est toujours seul ; voilà une vérité que la famille, l'amitié et les activités ne peuvent démentir, quand bien même elles feraient en sorte que le moi soit toujours entouré et occupé. La solitude n'est pas l'isolement : si le second est un fait que l'on constate objectivement (autrui n'est pas là), la première est un sentiment pouvant nous envahir à n'importe quel moment, et même au beau milieu d'une foule. Cette solitude peut éventuellement s'avérer délicieuse, bien que le sens commun ne comprenne pas, généralement, que l'on puisse trouver plaisant un tel sentiment (Pascal, *Pensées*, 139) ; aussi n'y a-t-il pas lieu de s'étonner qu'on la fuie et que l'on se tourne vers des occupations qui, en étourdissant la conscience de soi, écartent momentanément l'écueil de la solitude. Peut-être est-ce pour cette raison que l'on se jette dans la fête, que l'on se passionne pour tel domaine ou que l'on se rue sur le sport. Le rugby trouve logiquement sa place dans cette vaste entreprise de mise entre parenthèses de la solitude et de la conscience de soi ; tous participent à cette universelle fuite du moi, qu'il serait sot et vaniteux de stigmatiser.

Variations sur l'interprétation

« Un sens quelconque vaut mieux que
pas de sens du tout. »

Nietzsche, *La Généalogie de la morale*.

D'autres interprétations de ce désir de fusion sont possibles, et avant même de les présenter il conviendrait de se demander une bonne fois pour toutes si le rugby doit effectivement être interprété, c'est-à-dire s'il est lourd de significations inconscientes. Tout, dans ce sport, est-il clair, transparent, ou bien fourmille-t-il de symptômes que l'on pourrait, par conséquent, chercher à interpréter ? Bref, y a-t-il, finalement, une lecture psychanalytique du rugby qui soit sérieuse et légitime ? Bien vite, il apparaîtra que de telles questions pourront être reformulées ainsi : peut-on, en approfondissant ce sport, y découvrir une dimension sexuelle, voire homosexuelle ? Quant à l'explication purement technique de ces conduites fusionnelles, elle s'avère insuffisante, car de telles conduites ne se rencontrent pas seulement sur le terrain et à l'occasion des matchs. On pourrait également évoquer la peur, tout simplement, et pas uniquement la peur face à la solitude. Il est bien compréhensible, après tout, que les rugbymen aient peur avant et pendant la rencontre, car les risques auxquels ils s'exposent, les dangers qu'ils doivent affronter sont effectivement redoutables et peuvent déclencher à eux seuls ce désir de fusion. La réaction qui consiste à rechercher la protection d'un groupe est naturelle ; on l'observe chez nombre d'espèces animales : on ne voit pas au nom de quoi les rugbymen se comporteraient autrement. Au nom, peut-être, de la démesure de leur corps ? Mais leurs adversaires ont aussi ce type de corps. Cette interprétation est donc plausible et n'est pas sans présenter quelques points communs avec la description de la formation de l'état social chez un théoricien de l'état de nature comme Hobbes. C'est effectivement la peur, et notamment la peur de la mort, qui rend compte de l'abandon de l'état de nature et du passage à la vie en société chez Hobbes, car l'existence sociale sous la protection d'un État nous apportera cette sécurité qui manquait tant à la condition originelle de l'humanité. Ainsi les rugbymen auraient peur... Tous ? Cela semble difficile à croire, tant certains joueurs respirent la force, la confiance, la sérénité : ils paraissent invincibles, imperturbables, et se lancent dans des raids qui, forcément, les isolent de leurs partenaires. Si vraiment la peur les tenaillait, ils rechercheraient plutôt les phases de jeu dans lesquelles l'équipe fait bloc. Et j'ai effectivement du mal à croire qu'un Laurent Rodriguez, qu'un Toutai Kefu aient peur quand ils jouent au rugby ; par contre, je conçois aisément que leurs adversaires ressentent une appréhension certaine. On voit ainsi les lacunes de cette interprétation : elle n'est pas universelle ; elle sera valable dans certains cas, très insuffisante dans d'autres, tandis que la fuite devant la solitude est une conduite plus susceptible d'être universelle.

Le rugby est-il sexuel ?

« La psychanalyse n'a jamais oublié qu'il existe des tendances non sexuelles... »

Freud, *Introduction à la psychanalyse.*

Une autre interprétation reste à examiner : elle insiste sur la dimension érotique de cette fusion. On peut la résumer de façon laconique : les rugbymen ne seraient en fait que des homosexuels refoulés. Refoulés, car la censure ou le surmoi ne peuvent admettre que ce désir accède à la conscience ; il est donc renvoyé dans les profondeurs du moi, et le résultat de ce refoulement serait une névrose. Ce sport ne serait donc qu'une vaste névrose qui voit s'affronter des individus qui, en croyant se livrer à un jeu bien innocent, satisfont en fait leurs pulsions homosexuelles tout en clamant haut et fort qu'il ne s'agit pas d'un sport de « tapettes ». Il n'est pas douteux qu'il y ait dans le rugby des joueurs particulièrement intolérants vis-à-vis de l'homosexualité masculine, et qui se fourvoient dans des discours d'une bêtise abyssale ; mais on ne peut, en toute rigueur, relier un tel comportement à une homosexualité refoulée. Ce n'est qu'une interprétation, et d'autres lectures, peut-être plus simples, peuvent être proposées. Cette interprétation existe ; elle n'a pas vraiment ma faveur, car elle participe d'une entreprise de dénigrement systématique des rugbymen qui ne voit en eux que des brutes épaisses ; ajouter le fardeau d'une névrose à ce jugement péremptoire est une aubaine pour certains. Pour autant, elle reste possible, car le corps du rugbyman est bien souvent splendide, et il est concevable que l'on puisse en tomber amoureux. Ce corps a été conduit, par la pratique du rugby, au faîte de son épanouissement ; ce corps est, pour parler comme Aristote, en acte, c'est-à-dire qu'il a réalisé les possibles qui étaient en lui. Il respire la force, la santé, et il peut enfin devenir irrésistible s'il s'est couvert de gloire. Dès lors, le désir de fusion serait plus érotique qu'existentiel : les rugbymen tendraient vers la fusion, car ils sont amoureux les uns des autres, ils succombent, eux aussi, devant la perfection du corps de leurs partenaires. Qu'en penser ? Après tout, quand un corps est beau, il l'est pour tout le monde, homme ou femme. Le problème est de savoir si la formule « le corps est beau » a un sens, dans la mesure où elle présente la beauté comme une propriété intrinsèque du corps en question, et non comme un jugement qui n'engagerait que celui qui le formule. Vaste question, classique en philosophie : y a-t-il une beauté naturelle, notamment de certains corps, ici ceux des rugbymen, ou bien faut-il convenir que la beauté n'est qu'une affaire de jugement et qu'elle est donc relative aux individus ? Dans le premier cas, c'est-à-dire si le corps rugbystique est effectivement beau, rien n'est plus normal que d'en tomber amoureux ; c'est une réaction quasi automatique, conditionnée, déterminée par un stimulus. On le voit, la thèse d'une beauté naturelle du corps rugbystique nous entraîne vers une conséquence éventuellement embarrassante : nous serions tous attirés par ces corps ; il y aurait ensuite ceux qui ne s'en cachent pas, ceux qui osent se l'avouer et ceux qui résisteront pour on ne sait quelle raison. Dans le second cas, l'universalité est évitée et chacun est renvoyé à ses goûts. Mais une question complémentaire mérite d'être posée : y a-t-il véritablement et forcément une dimension érotique à cette conduite, ou bien n'est-elle qu'une pure contemplation désintéressée, un jugement de goût, dirait Kant ? En somme, peut-on contempler ces corps de façon détachée, dans une simple perspective esthétique, et les trouver beaux, ou alors y a-t-il toujours quelque chose d'érotique dans cette attitude ? Les mystères de l'âme humaine sont insondables, et sans doute sommes-nous condamnés à ne jamais savoir si derrière le jugement suivant : « ce corps est beau », se cache un désir amoureux. Désirons-nous les personnes que nous trouvons belles ? Là est la question.

Enfin, dans l'hypothèse où ils seraient amoureux les uns des autres, en raison de la beauté de leur corps, il reste à se demander si c'est bel et bien de l'autre qu'ils sont amoureux, ou bien d'eux-mêmes. Étrange question… Il semble évident que l'amour soit amour de quelqu'un d'autre que soi ; mais lorsque l'autre est ressemblant, et lorsque son corps, en particulier, est tout à fait comparable au nôtre, on peut s'interroger : n'est-on pas en fait, c'est-à-dire profondément, amoureux de soi, narcissique ? Bref, l'amour désire-t-il le même ou l'autre ? Ou bien encore : le ressemblant ou le différent ? Dans *Le Banquet* de Platon, l'un des convives, le poète Aristophane, raconte un mythe qui, peut-être, éclaire la question. Certes, ce jour-là le vin avait coulé à flots, et tous étaient passablement éméchés ; mais les discours tenus par les uns et les autres furent inspirés et audacieux. D'après Aristophane, donc, les trois sortes d'êtres (le mâle, la femelle, l'androgyne) qui existaient à l'origine ont été coupés en deux à la suite d'une sanction divine ; et le désir amoureux, dans ces conditions, n'a pas d'autre but que de reconstituer l'unité perdue. Aussi faut-il trouver celui ou celle qui nous ressemble pour mettre un terme à cette indicible nostalgie de l'un. L'irréductible différence de l'autre ne produisant qu'un mélange hétérogène, c'est vers le même que l'on va se tourner, c'est lui qu'il s'agit de rencontrer. L'amour cherche donc le même, et non pas l'autre ; nous voulons découvrir la moitié qui nous complétera et restaurera l'unité originelle. De là à dire que l'on n'est amoureux que de soi, il n'y a qu'un pas ; le franchirons-nous ? N'oublions pas que tout cela reste suspendu à l'hypothèse selon laquelle les rugbymen seraient amoureux les uns des autres ; et cette hypothèse n'est elle-même qu'une lecture possible de leur désir de fusion. On nage ainsi en pleine interprétation, et on multiplie les scénarios à partir d'une idée de départ : le rugbyman serait habité par un désir de fusion. C'est en effet de là que je suis parti, et il est sage de revenir à ce point. Quelle peut être la signification de cette tendance qui, on l'a vu, les conduit à se rapprocher et à chasser l'espace entre eux ?

Si ce désir en est un, et s'il se laisse interpréter, alors je préfère privilégier l'idée selon laquelle il y a une fuite de la conscience de soi et de ce qui peut la déclencher, à savoir le sentiment de solitude.

N'être plus que son équipe : voilà quelle est, selon moi, l'interprétation la plus vraisemblable du désir de fusion qui, certes, se retrouve plus ou moins dans tous les sports collectifs, mais caractérise profondément le rugby. J'ai proposé une lecture plus existentielle qu'érotique d'une telle tendance. L'essentiel, à mes yeux, est de bien comprendre que chaque être humain, quel qu'il soit, est tenté de fuir la conscience de soi, car le sentiment d'exister et la lucidité qui l'accompagne sont des fardeaux trop lourds à porter. Les rugbymen ne dérogent pas à la règle ; le moyen qu'ils ont trouvé pour essayer de régler ce problème est le rugby lui-même. Mais cette solution s'attaque aux effets, et non à la cause du mal. Elle est cependant particulièrement radicale dans la mesure où elle consiste à dissoudre le moi dans le tout de l'équipe. Ce désir de fusion tend donc vers l'unité, mais s'arrête, forcément, à l'union : même si jouer au rugby revient à couler sa personnalité dans un certain moule, l'hétérogénéité de l'individu subsiste et fait de l'unité un rêve inaccessible. Cette lecture, et c'est tout l'intérêt, finalement, de l'interprétation, donne du sens à des conduites qui, sans cela, ne laisseraient pas d'être étonnantes. Pourquoi, en effet, une telle proximité ? Pourquoi une telle surenchère dans l'effusion virile ? Pourquoi chasser ainsi l'espace entre les corps au point d'investir la sphère de l'intimité ? Ma réponse fut : pour fusionner, pour ne faire qu'un, et, plus précisément encore, pour faire de l'un avec du multiple. Par là, j'ai écarté la lecture érotique, ou encore sexuelle, et finalement, il faut bien le dire : homosexuelle du rugby. Elle me semble, à tort ou à raison, trop facile, au sens où l'accepter revient un peu à céder à un cliché qui s'inscrit dans une attitude plus générale qui « toise » le rugbyman. En somme, si par la démesure de son corps le rugbyman est singularisé, il fait toujours partie de « l'humaine condition ».

L'utopie de l'universel

« Nous sommes si présomptueux, que nous voudrions
être connus de toute la terre… »

Pascal, *Pensées* (148).

Samedi 27 mars 2004, dans la nuit : la France vient de battre les champions du monde anglais au terme d'un match superbe, et s'adjuge ainsi un nouveau grand chelem. Bernard Laporte est euphorique : il est vrai que de toutes les victoires, les plus belles sont toujours celles remportées face aux Anglais. Devant les micros et les caméras, il laisse éclater une joie bien légitime. L'habituelle lueur de folie qui habite son regard est encore plus vive après un tel succès. Il confie alors sa fierté d'être français et sa satisfaction d'avoir triomphé sous les yeux du « monde entier ». À bien y réfléchir, c'est une drôle de déclaration.

Le premier point ne pose pas vraiment problème : le patriotisme du sélectionneur du XV de France nous rappelle que le sport est, avec la langue, l'histoire et la culture, l'un des facteurs qui soudent un peuple et lui donnent son identité. Si le championnat peut diviser le pays, les compétitions internationales existent notamment dans le but de rassembler toute une nation derrière son équipe. Les grands événements sportifs sont donc bien plus que du sport : ils sont l'occasion pour tout un peuple de prendre conscience de lui-même, d'y trouver son unité, sa cohésion, son identité.

Le second point de la déclaration du sélectionneur est, en revanche, bien plus contestable, et seule l'exaltation du moment a pu faire que de telles paroles soient prononcées. Le « monde entier » avait-il effectivement les yeux tournés, ce soir-là, vers le Stade de France ? Non, bien évidemment, et cette dernière journée du tournoi des Six Nations 2004 n'a rien à voir avec la finale de la Coupe du monde de football en 1998, au même endroit : alors que le second événement eut une audience planétaire et un retentissement exceptionnel (irais-je jusqu'à dire « historique » ?), le premier est beaucoup plus confidentiel et n'intéresse que le monde du rugby, poétiquement baptisé « Ovalie ». Cette dernière affirmation est toutefois à nuancer : les matchs opposant ces deux pays sont si attendus, si particuliers, et si savoureux qu'ils débordent facilement du cadre strictement sportif et n'intéressent pas que les amateurs de rugby. Pour autant, le reste du monde était, ce soir-là, totalement indifférent au résultat d'une rencontre dont, probablement, il ignorait l'existence : le sport qui nous passionne est particulièrement confidentiel, et Ovalie n'est finalement qu'un territoire minuscule, un confetti dérisoire que l'on remarque à peine. C'est ce qu'il s'agit, à présent, de comprendre. Pourquoi si peu de pays et si peu de licenciés ? Pourquoi les équipes nationales véritablement compétitives se comptent-elles péniblement sur les doigts des deux mains ? Pourquoi le rugby reste-t-il enfermé dans ses frontières actuelles au lieu de devenir un sport universel ? Il y a, en effet, un paradoxe : ce sport ne demande qu'à se développer, qu'à gagner de nouveaux territoires ; il est incontestablement habité par ce désir de l'universel ; mais quelque chose le freine, l'enlise et retarde sa croissance. Malgré la Coupe du monde et la Coupe d'Europe, malgré la rhétorique des instances internationales et des journalistes spécialisés qui, pompeusement, parlent d'hémisphère Nord et d'hémisphère Sud, le rugby n'a pas vraiment avancé. Le coup de folie de Webb Ellis aura bientôt deux siècles, mais le chemin parcouru s'avère assez décevant pour un sport aussi ancien. Certes, le rugby est solidement implanté en France et dans les îles Britanniques, où il n'y a guère que le football qui soit plus populaire que lui. Il tente une percée intéressante en Italie ; et c'est à peu près tout… Il y a bien d'excellents joueurs roumains, mais leur championnat et leur équipe nationale sont peu compétitifs. Quelques vagues tentatives existent en Espagne et en Géorgie, mais elles sont si timides qu'il n'y a pas grand-chose à en dire. Il faut ensuite mettre le cap au sud, pour rencontrer les grandes nations du rugby que sont la Nouvelle-Zélande, l'Australie, l'Afrique du Sud et l'Argentine. Le tour d'horizon sera quasi complet quand on aura évoqué les équipes des États-Unis, du Canada, du Japon, et quelques îles du Pacifique Sud qui produisent souvent de magnifiques joueurs, dignes héritiers des guerriers qui furent leurs ancêtres. Tout cela reste modeste, et ce jugement sera renforcé si on y regarde de plus près : dans nombre de pays où il est enraciné, le rugby n'est pas le sport numéro un : l'exemple de l'Australie est, à ce titre, instructif ; durant la dernière Coupe du monde, la relative indifférence des Australiens à l'égard de l'événement en aura sidéré plus d'un, surtout dans le sud-ouest de la France où une telle compétition est extrêmement suivie et prisée. Mais même en France le bilan de ce sport reste mitigé : s'il est une quasi-religion au sud de la Loire, il n'est qu'une greffe laborieuse au nord, avec, bien sûr, de notables exceptions (Stade français, Racing…). Il y a là une difficulté particulièrement intéressante, et que l'on pourrait formuler en ces termes : étant admis que le rugby tente de se développer, et notamment de se propager, dans le but de devenir un sport universel, c'est-à-dire pratiqué partout, qu'est-ce qui peut expliquer une croissance aussi lente et le relatif échec des tentatives qui visent à l'exporter ? C'est ce qu'il s'agit d'examiner.

Webb Ellis, l'hérétique

« La légende est à mes yeux plus vraie que l'histoire. »

Alain, *Les Arts et les dieux.*

L'universalité du rugby n'est qu'une utopie ; les amoureux de ce sport voudraient que le monde entier jouât au rugby, mais ils doivent se contenter de la petite Ovalie, et il n'est pas du tout certain que l'avenir démente un tel constat. Parmi les facteurs pouvant expliquer la confidentialité de ce sport, il me semble qu'il y a la contingence de ses origines. La contingence d'une chose, ou d'un être, fait référence à l'idée selon laquelle cette chose, cet être auraient pu ne pas être, ou être autrement. C'est exactement le cas, à mon sens, du rugby. Certes, des antécédents historiques, comme la soule ou la barette, laissent l'impression que, forcément, un tel sport allait apparaître un jour ou l'autre et qu'il était en gestation dans ces formes antérieures. Mais cette façon de regarder les choses, dénoncée par Bergson, qui y voit une illusion rétrospective, nie toute nouveauté, toute création, et essaie de montrer que le phénomène qui vient d'apparaître était déjà contenu en puissance dans quelques tentatives antérieures qui le préparaient. Ainsi procède, d'ordinaire, notre intelligence : elle cherche des causes, des antécédents, des précurseurs à tout, de manière à abolir cette nouveauté qu'elle ne saurait rationaliser. Dans le cas du rugby, on peut parler d'une création, due à un homme : William Webb Ellis qui, en 1823, donna naissance à ce sport sur le *bigside* de Rugby, c'est-à-dire sur le terrain de sport de la ville de Rugby. En est-on absolument sûr ? Non, pas totalement, et il faut bien comprendre qu'à chaque fois que l'on veut parler des origines de quelque chose la reconstitution historique flirte avec le mythe, la légende. Quoi qu'il en soit, c'est le mot « création » qu'il s'agit, à présent, de tester ; n'est-il pas trop fort ? Qu'est-ce, au juste, que la création ? On peut dire qu'il s'agit d'un processus qui fait apparaître quelque chose de nouveau et d'imprévisible. Le résultat d'une création est donc toujours surprenant, y compris pour le créateur lui-même, et notamment parce que des puissances irrationnelles entrent en jeu. Un tel détour conceptuel nous aide peut-être à comprendre ce qui s'est passé ce jour de 1823 sur le *bigside* de Rugby, lorsque l'hérétique Webb Ellis transgresse les règles du football de l'époque et donne naissance au rugby. Notons bien, au passage, que nous ne parlons pas, à propos du rugby, d'invention, mais de création. Entre les deux, la différence nous paraît être la suivante : dans le cas de l'invention, le but est connu, et il ne reste plus qu'à trouver les moyens de l'atteindre ; de plus, l'invention nous paraît faire référence au domaine de la technique, et placer ainsi au plus haut le souci de l'utile et de l'efficacité. Or c'est à notre avis un coup de folie qui a fait surgir le rugby, et non le froid calcul d'un technicien. On peut dire que ce jour-là Webb Ellis s'est abandonné à l'irrationalité de l'instant : il n'a pas vraiment réfléchi, encore moins calculé ; il s'est simplement extirpé du carcan des règles par la grâce d'une intuition géniale, d'un coup de folie qui l'a aussitôt singularisé, ses partenaires et adversaires restant médusés, interdits, devant une telle audace. Ce sport est donc marqué, à tout jamais, par la contingence : il aurait très bien pu ne pas être ; mais aussi par la relativité : il est né à tel endroit, à tel moment, sous l'impulsion d'un seul. Il est la création originale d'une singularité ayant su faire sécession : il est ainsi enveloppé d'un parfum de caprice, de hasard qui, forcément, n'a rien d'universel. Il n'y a donc plus à s'étonner de l'exiguïté des frontières d'Ovalie : avec un tel acte de naissance, le rugby ne pouvait que peiner à se développer. L'irrationalité de ses origines, et en particulier l'hypercontingence de ce sport, ne pouvait que compliquer ses développements ultérieurs.

Un jeu absurde…

« […] la multitude des lois fournit souvent des excuses aux vices, en sorte qu'un État est bien mieux réglé lorsque, n'en ayant que fort peu, elles y sont fort étroitement observées. »

Descartes, *Discours de la méthode.*

On en dirait autant de sa principale caractéristique, à savoir l'interdiction de l'en-avant et donc l'obligation de progresser à partir de passes en arrière. Quelle absurdité manifeste, quelle contrainte purement gratuite, quelle surcharge inutile pour un jeu qui apparaît ainsi en rupture avec la raison, ou bien encore avec le bon sens universel ! Cette particularité est pour beaucoup, me semble-t-il, dans la quasi-marginalisation de ce sport. Quoi de plus étrange, en effet, que d'avancer en s'obligeant à envoyer toujours le ballon en arrière, sauf quand il s'agit d'un coup de pied à suivre. Il s'agit néanmoins de l'essence du rugby, et cette essence est donc irrationnelle.

… et compliqué

Mais cette particularité s'inscrit, après tout, dans le cadre plus général d'un règlement, et il n'y a pas de sport sans règlement. Simplement, celui-ci est, dans le cas du rugby, si complexe, voire si ésotérique, qu'il réclame une véritable initiation sous peine d'être totalement excommunié de ce sport. Les règles qui encadrent la pratique du rugby sont si nombreuses, si précises, si pointilleuses qu'elles peuvent facilement en décourager plus d'un. Celui qui a tout simplement envie de jouer, de se défouler ou bien d'assister à un spectacle plaisant peut, en effet, être considérablement refroidi par les incessantes interventions de l'arbitre, qui ne fait qu'appliquer un règlement minutieux. Les grandes envolées offensives, le titanesque combat des avants, tout cela est régulièrement interrompu par les coups de sifflet à première vue intempestifs de celui qui incarne le droit au cours d'un match. L'extrême complication d'un règlement étouffant est peut-être une autre cause des très lents développements du rugby. Alors que ce sport nous promet l'effusion spectaculaire de l'énergie brute, il ne nous offre, finalement, que la tentative forcément moins passionnante d'ordonner le chaos.

Un sport dissuasif

« Une guerre du temps de paix. »

Denis Lalanne, cité par Laget, *Rugby en toutes lettres.*

On peut enfin comprendre que beaucoup hésitent à pratiquer ce sport, car derrière les chatoyantes prouesses techniques dont le rugby est effectivement riche se cache la dure réalité d'un combat âpre, rude, intense, d'un sport qui, inévitablement, fait mal, laisse des traces, des blessures, des séquelles, bref un sport qui n'est pas, loin s'en faut, à la portée de tous. Il réclame un certain type de corps et une fascinante capacité à endurer la douleur. S'il est une véritable épreuve pour les organismes, quoi de plus normal que l'on résiste aux sirènes du rugby ? Il s'agit presque d'un instinct de survie : on devine quels dangers, quels risques nous guettent, et c'est très logiquement que l'on s'abstient et que l'on se tourne vers d'autres sports. Qui sait si la solution ne consiste pas, une nouvelle fois, à légiférer, c'est-à-dire à faire évoluer le règlement et à accroître la protection physique des joueurs ? Le rugby fascine ; mais il y a dans cette fascination un mélange d'attraction et de répulsion. Il nous attire pour d'obscures raisons : cette étude tente justement de les éclaircir. Mais quelque chose nous retient aussi ; on pourra éventuellement parler de prudence, de peur ; rares sont les autres sports présentant ce double visage : à chaque fois, il s'agira probablement de sports extrêmes, et le rugby en est un.

L'énergie de la rivalité

« Il y a toujours mille bonnes raisons
de détester le village d'en face. »

Daniel Herrero, *Dictionnaire amoureux du rugby.*

Pour dépasser les réticences de la prudence, et s'engager pleinement, il faut être animé d'une incroyable énergie. Bien souvent, cette énergie qui habite des corps hors du commun sera exacerbée par la rivalité qui peut exister entre des universités, des clubs, des villes, des régions et bien sûr des nations. Le rugby a donc besoin d'un contexte favorable, et la rivalité lui est indispensable : qu'il s'agisse d'un derby opposant les cadets du Biarritz Olympique à ceux de l'Aviron Bayonnais, ou bien d'un France-Angleterre dans le cadre du tournoi des Six Nations, l'énergie des rugbymen est décuplée par ce genre de rencontres dont l'enjeu est bien plus que sportif :

il en va, avant tout, de l'honneur des hommes ! Force est donc de constater que ce sport est parfois l'occasion de « s'expliquer », c'est-à-dire de régler de vieilles querelles, de vieux comptes. Si l'on ne se sent pas concerné par ce genre de questions, mieux vaut choisir d'autres sports. Ils pourront, certes, donner lieu, eux aussi, à de farouches derbys, mais rien ne peut, sur ce plan-là, rivaliser avec le rugby. L'extrême dureté de ce sport réclame donc de la part des joueurs un engagement total, et celui-ci sera notamment obtenu s'ils sont « échauffés », ou encore excités par la perspective de resituer le match dans un contexte de rivalité. Sans un tel contexte, les rencontres seraient peut-être bien fades.

Une mystique des racines

« Il me semble que je serais toujours bien
là où je ne suis pas… »

Baudelaire, « Any Where out of The World »,
Le Spleen de Paris.

Cette dernière idée, à savoir que le rugby se nourrit de la rivalité, et qu'il est donc une façon de se faire pacifiquement la guerre, m'offre maintenant l'occasion d'un développement qui constituera mon principal argument. Il s'agit toujours de tenter d'expliquer la raison pour laquelle ce sport n'est point universel, mais relatif et contingent. Je pense qu'il y a dans le rugby une sorte de mystique de la terre, du sol natal, des racines ; par là, il apparaît que le rugby est un sport que l'on pratique rarement pour soi. On a déjà vu qu'il favorisait la dissolution du moi dans le tout de l'équipe. Je peux maintenant ajouter qu'il permet de se battre pour sa terre, pour sa ville, pour sa région. On retrouve donc l'idéal de fusion, mais il s'agit cette fois de fusionner avec la terre où l'on est né, et où l'on vit. Le rugby est bien plus qu'un sport ; ici, il est le moyen d'affirmer une identité, et si celle-ci est parfois nationale (l'équipe de France), elle est aussi locale, régionale : ce n'est donc pas tant pour soi que l'on joue, mais pour sa ville, sa région, ou son pays, entités au nom desquelles le joueur est prêt à se sacrifier. Dès lors, la question est la suivante : si le rugby est effectivement un sport fusion (avec l'équipe et avec la terre), tous peuvent-ils être intéressés par le rugby ? La condition n'est-elle pas d'entretenir un lien très fort, très intime, un rapport fusionnel, donc, avec le lieu de ses origines ? Les exemples aptes à illustrer cette idée seraient nombreux : il y a notamment l'extraordinaire engouement que suscite l'équipe de Perpignan en terre catalane ; mais il y a aussi le cas d'équipes plus modestes comme Peyrehorade, ou Tyrosse : à travers elles, c'est tout le département des Landes, et plus particulièrement le terroir de Chalosse, qui vibrent quand elles jouent. Méditons enfin l'exemple suivant : le Biarritz Olympique a récemment changé son nom en : Biarritz Olympique Pays basque ; l'intention est claire, il s'agit de fédérer tout le Pays basque français derrière ce club. D'où, on peut le conjecturer, un motif supplémentaire de rivalité avec le voisin bayonnais : on peut en effet s'attendre à ce que les deux clubs se disputent le privilège de représenter le Pays basque. Bref, pour jouer au rugby, il faut être né quelque part. Mais tout le monde est né quelque part ! Oui, mais il faut, en outre, vivre où l'on est né, ou bien encore aimer l'endroit où l'on vit et jouer pour son club, pour sa ville. Serge Blanco et Serge Betsen, les deux plus grands joueurs de l'histoire du Biarritz Olympique, ne sont pas nés à Biarritz, et la couleur de leur peau n'est pas vraiment celle des gens du coin ; pourtant, quels joueurs peuvent mieux incarner qu'eux l'identité biarrote ? Leur carrière est un exemple de fidélité et d'abnégation, car on sait qu'ils auraient pu gagner beaucoup plus d'argent sous d'autres cieux. Jouer au rugby est donc une déclaration d'amour faite à la terre, qu'il s'agisse de la terre natale ou bien de celle où l'on vit. Cet amour veut la fusion avec cette terre, et conduit les joueurs à se sacrifier, car le moyen de parvenir à cette fusion est le rugby, c'est-à-dire l'un des sports les plus féroces qui soient. On pourra m'objecter que le rugby professionnel abonde en mercenaires, en expatriés venus là pour s'enrichir et tenter l'aventure ; ils caractérisent le récent tournant professionnel de ce sport. Pour autant, cela n'empêche pas certains de tomber amoureux de la ville ou de la région en question, et de participer à cette quête de la fusion.

Mais si le rugby est vraiment ce que j'en dis, à savoir la fusion avec la terre, s'y vautrer est alors une conduite incestueuse, c'est s'unir à ce dont on provient, faire l'amour avec ses origines. C'est notamment le cas lorsqu'on joue à domicile. Mais les rencontres qui nécessitent un déplacement, si elles sont vécues comme un déracinement, sont aussi l'occasion de ressentir encore plus intensément les liens avec la terre d'où l'on vient. Un peu plus haut j'ai reconnu mes réticences à interpréter le désir de fusion qui habite le rugby dans une perspective uniquement sexuelle, voire homosexuelle. Mais si l'on tient absolument à trouver une dimension sexuelle à ce sport, on la trouvera éventuellement dans ce désir de fusion avec la terre, avec ses racines, avec ses origines, d'où l'idée que le rugby a peut-être quelque chose d'incestueux. Si l'on résiste à pareille interprétation, on peut s'arrêter à l'idée précédente qui proposait, plus simplement, que ce sport était une façon de mettre en avant son identité, de se réclamer d'une terre, et d'afficher ses origines. Cela peut sembler sympathique. Mais parfois une telle attitude est insupportable : pénibles sont, en effet, ces gens qui vous jettent leurs origines à la figure, qui vous infligent l'évidence de leur identité, ce qui, finalement, est une manière de vous signifier que vous n'êtes pas comme eux, que vous êtes différent, que vous n'êtes pas un compatriote, mais un étranger, et l'on sait que de la différence à l'infériorité il n'y a bien souvent qu'un pas. Quand le rugby devient l'occasion de revendiquer bruyamment et lourdement une identité, des racines, un sol, une terre, il n'est peut-être plus qu'un folklore, c'est-à-dire une dérisoire fascination pour le passé, fascination propre à ceux qui, en général, n'ont rien d'autre à mettre en avant. Reconnaissons qu'il n'est pas toujours facile de faire la part des choses et de distinguer les sympathiques supporters au comportement bon enfant de ces « imbéciles heureux qui sont nés quelque part » dont Brassens s'est moqué.

Mais ne pourrait-on pas en dire autant de tous les autres sports ? Ne sont-ils pas, eux aussi, l'occasion de fusionner avec la terre où plongent nos racines ? Il me semble que le rugby se distingue encore une fois des autres sports, ici en ce qu'il entretient un rapport étroit avec la terre des origines. Inutile d'insister sur le fait qu'aucun autre sport ne contraint autant les joueurs à se vautrer, à se rouler dans la boue des terrains ; il y aurait pourtant là un symbole particulièrement fort.

Il suffit de prendre conscience qu'il y a, en lui, une mystique des racines qui, bizarrement, n'intéresse, à première vue, que quelques pays. Mystique des racines… L'expression est un peu étrange : si le mysticisme se caractérise par un mouvement vertical, celui-ci est, en principe, dirigé vers le haut, vers Dieu, et le mysticisme est l'élévation de l'âme de certains croyants plus fervents que les autres en direction d'une transcendance qu'ils vont contempler directement. Dans le cas du rugby, on conserve la verticalité, essentielle au mysticisme, mais le mouvement est orienté vers le bas, et plus précisément vers les profondeurs de la terre, là où ne s'aventurent, en principe, que les racines. On n'y rencontre pas une transcendance, c'est-à-dire quelque être qui serait extérieur et supérieur au domaine humain, mais l'immanence même. Dans bien des cas, jouer au rugby est une façon de dire, consciemment ou inconsciemment, que je suis d'ici, j'habite cette terre, je l'aime, j'y ai mes racines et mes ancêtres, je ne fais qu'un avec elle, j'en suis le fils et je joue pour elle. Le rugbyman coïncide ainsi avec le sol où il est né et où il vit, et dissout, mélange son être à celui de la terre ; c'est à cela, sans doute, que fait allusion l'expression « l'amour du maillot » ; le maillot n'est en fait que la terre, et la terre est ce dans quoi s'enfoncent les racines. Mais ne suis-je pas en train de parler d'un rugby caduc, d'un rugby qui n'existe plus, car balayé par le vent du professionnalisme ? Relativement peu d'équipes sont véritablement professionnelles, une quarantaine en France. Dans chacune d'elles, il y a des joueurs pour qui le rugby est une façon de fusionner avec leurs origines. De plus, je répète qu'il suffit, bien souvent, d'aimer la terre pour laquelle on joue pour être concerné par cette mystique. Même les mercenaires les plus cupides pourront éventuellement ressentir un jour un tel appel. Quant aux autres équipes, elles savent sans doute de quoi je veux parler : elles ressentent le rugby comme une possibilité de fusionner, de rechercher les origines, de plonger vers les profondeurs, et de retrouver son identité. De telles équipes, caractéristiques du rugby des champs et non du rugby des villes, ne jouent pas pour l'argent ; bien sûr, il peut arriver que les joueurs reçoivent une prime ; mais la modestie de celle-ci ne saurait constituer une explication de leur engagement dans ce sport, surtout en comparaison des risques qu'ils courent. Il y a donc autre chose. Ce qui attire des individus vers le rugby est la possibilité de fusionner et donc d'apaiser une inquiétude fondamentale dont le désir de fusion serait le symptôme. Ils pourront trouver dans ce sport la fusion avec le tout de l'équipe, mais aussi l'enracinement qui, peut-être, leur manquait, c'est-à-dire autant de réponses concrètes à l'angoissante question de leur identité : « je suis d'ici, je joue dans cette équipe ». Toute la philosophie du monde ne peut rivaliser avec d'aussi apaisantes certitudes. Le sujet sait qui il est : il est rugbyman, il joue à tel poste, pour tel club ; il sait aussi d'où il vient : il ne se distingue donc plus de son équipe et de la terre où il vit, il fusionne avec elles au point de dissoudre son moi dans ces ensembles.

Malgré de tels éclaircissements, la question, je dois le reconnaître, persiste. Les éléments de réponse que j'ai apportés (la contingence et la relativité de ce sport, son irrationalité, sa complexité, sa dureté, mais aussi sa façon d'enraciner l'individu) donnent peut-être quelques pistes mais n'épuisent pas le problème. Pourquoi le rugby peine-t-il autant à se développer, pourquoi n'est-il pas un sport olympique ? Pourquoi a-t-on du mal à imaginer, par exemple, un rugby chinois, allemand, ou encore indien ? Nul ne peut présumer de ce que sera l'évolution du rugby ; s'il paraît relativement facile de se projeter vers les dix prochaines années, personne ne peut prévoir ce qu'il en sera dans cinquante, voire cent ans. L'horizon, cependant, semble bouché : Ovalie n'est qu'une utopie ; il n'est pas très raisonnable de penser qu'un jour le monde deviendra ovale et que partout, où que l'on aille, on jouera au rugby. La réalité d'Ovalie a déjà été rappelée : une dizaine de nations vraiment compétitives, les autres survivant on ne sait trop comment. Tout se passe donc comme si le rugby ne parvenait pas à se dépêtrer d'un passé dans lequel il s'enlise, d'un passé qui le fige et le limite considérablement. Tenace est, en effet, l'impression que l'état actuel du rugby est son état définitif, qu'il n'y a pas d'évolution significative possible, et que ce sport est condamné à se répéter. On ne voit pas, en particulier, comment il pourrait gagner d'autres territoires. Le rugby ne peut s'implanter partout : il a besoin de conditions favorables. Il serait cependant absurde de dire que la condition *sine qua non* serait l'existence d'une culture rugby : il faut bien, à un moment, partir de zéro pour ancrer un sport quelque part. Qu'on le veuille ou non, le rugby est à tout jamais marqué par ses origines britanniques ; qu'il ait pu se développer en France, en Italie, en Argentine tient déjà du miracle, mais s'explique, finalement, assez facilement : dans la plupart des cas, ce sont des Britanniques expatriés qui l'emportèrent dans leurs valises. Il en va exactement de même pour les grandes nations de l'hémisphère Sud : le rugby est venu avec les émigrés, avec les colons. Il y a donc un paradoxe à vouloir donner une dimension universelle à un sport qui représente, au contraire, la singularité britannique et dont l'acte de naissance reflète sa contingence et sa relativité. En gagnant d'improbables territoires, le rugby risque de perdre ce qu'il a de plus précieux : le charme irrésistible de son identité. Restons-en là : la petitesse d'Ovalie ne doit plus nous préoccuper ; qui sait si elle n'est pas plutôt à préserver ?

Conclusion

Il est temps de revenir sur ce qui a été dit et de tenter d'en dégager l'essentiel. Ce sport, selon moi, entretient des relations conflictuelles avec le sujet et la conscience de soi : le premier est ce qu'il faut absorber, tandis que la seconde est ce qu'il faut abolir. Au cours de mes analyses, cette idée est souvent revenue : rien, pourtant, n'était prémédité, et c'est progressivement que je me suis tourné vers cette conclusion. Le rugby me semble donc caractérisé par la poursuite d'un idéal de fusion du sujet : celui-ci doit être mélangé dans l'équipe et dans la terre pour lesquelles il joue. En ce sens, la conscience de soi représente une sorte d'erreur que ce sport veut corriger, car c'est elle qui permet à l'individu de réaliser qu'il est un sujet ; l'abandonner me paraît être la finalité du rugby. Aussi le projet de ce sport est-il anticartésien, et j'ai souligné ce qu'il avait d'oriental à fomenter ainsi la dissolution du moi. Mais de même que le désordre perce sans arrêt sous l'ordre que l'on essaie d'imposer, le sujet ne disparaît jamais totalement, et ses manifestations se traduisent, bien souvent, par des coups d'éclat qui font le charme et l'intérêt du rugby. Pour autant, cette renaissance du sujet n'est que ponctuelle et rarement rationnelle. Lorsque l'individu émerge à nouveau des profondeurs où l'on a voulu l'enfouir, sa manifestation est plutôt irrationnelle et se traduit par une soudaine intuition. C'est cet aspect du rugby que je préfère. Si l'esprit peut, effectivement, être séduit par la contemplation d'un jeu ordonné, construit, dans lequel il reconnaîtra la victoire de la raison sur le chaos, il ne résiste généralement pas à la mystérieuse prise de pouvoir de l'intuition. Lorsque les joueurs s'abandonnent à elle, lorsqu'ils ne calculent plus, mais improvisent dans l'instant, alors le sujet affleure à nouveau de l'ordre, des structures, des systèmes dans lesquels on a voulu l'enterrer. Les Britanniques ont rendu au rugby français un superbe hommage en parlant de « *french flair* » ; et il est vrai que c'est surtout le jeu « à la française » qui incarne cette particularité. Pour intéressant qu'il soit, le spectacle de la puissance physique obéissant à la raison finirait par nous lasser si, de temps à autre, d'imprévisibles coups de génie ne venaient illuminer un match de rugby…

Table

Dans la même collection

Petite philosophie du bonheur
Pensées d'un philosophe sous Prozac
Conseils philosophiques aux hommes politiques et à ceux qui les élisent
Petite philosophie de la passion amoureuse
Métaphysique du frimeur
Petite philosophie grave et légère
Petite philosophie pour les jours tristes
Petite philosophie pour le loup et l'agneau
Petite philosophie du tennis
Le plafond de Montaigne